HOTEL
EUROPA
ESPAÑA

KU-623-201

# Bob Gould • Liliana Nogueira Pache

*Series editors: Marianne Howarth and Michael Woodhall*

## Hodder & Stoughton
LONDON SYDNEY AUCKLAND TORONTO

## Acknowledgements

The authors and publishers would like to thank the following for permission to reproduce material in this volume: ABC, Prensa Española, Madrid for the extract from *Blanco y Negro* on p. 93; Banesto (Banco Español de Credito) for the tables from the *Anuario del mercado español 1990*, on pp. 91 and 146; Cetesa, Grupo Telefónica for the extracts from the *Páginas Amarillas: Pontevedra* on p. 1; Consejo General de Colegios de Economistas de España, *Revista de Economía, no. 5 1990* for the information contained in the tables on p. 147; Dunia magazine for the extracts on pp. 105–6 (*Beatriz Mañas; Pipo Fernandez*) and p. 118 (*Nuria San Frutos*); EDELVIVES, *Geografía e historia de España* for the information contained in the map on p. 91; Editorial Vicens Básica, S.A., *O'Faro 6 EXB* for the information contained in the map on p. 27; Expansión for the extract from *Expansión, 13.9.89* on p. 132; Muy Interesante magazine for the game on p. 110; Xunta de Galicia for the extract from their brochure *Normas de Protección Civil* on pp. 122–3 and from the *Guía de Alojamientos Turísticos de Galicia 1990* on pp. 128–9.

The authors and publishers would also like to acknowledge the following for use of their material: Editorial Ariel S.A., *Geografía general de España 3rd ed.* for the information contained in the map on pp. 108–9; Editorial Planeta S.A., *Renta Nacional de España y su distribución provincial – 1985* for the information contained in the map on p. 27; La Gaceta de los Negocios for the extracts on pp. 123–4 and 149–50; Media Planning A.S., Multi Compra, Grupo Publicidad, Ara Cia Internacional de Publicidad S.A., Publicidad Castilla for the advertisements on pp. 14–15; RENFE for the extract from their *Guía de Trenes* on p. 39.

Every effort has been made to trace and acknowledge ownership of copyright. The publishers will be glad to make suitable arrangements with any copyright holders whom it has not been possible to contact.

British Library Cataloguing in Publication Data
Gould, Bob
  Hotel Europa España. – (Hotel Europa)
  I. Title   II. Pache, Liliana Nogueira   III. Series
  468.3

  ISBN 0–340–54700–6

First published 1991

© 1991 Bob Gould and Liliana Nogueira Pache

All rights reserved. No part of this publication may be reproduced or transmitted in any form or by any means, electronic or mechanical, including photocopy, recording, or any information storage and retrieval system, without permission in writing from the publisher or under licence from the Copyright Licensing Agency Limited. Further details of such licences (for reprographic reproduction) may be obtained from the Copyright Licensing Agency Limited, of 90 Tottenham Court Road, London W1P 9HE

Typeset by Wearside Tradespools, Boldon, Tyne and Wear.
Printed in Great Britain for the educational publishing division of Hodder & Stoughton Ltd, Mill Road, Dunton Green, Sevenoaks, Kent by Thomson Litho, East Kilbride.

# Contents

# The *Hotel Europa* series

## Business languages for beginners

Learning a language for business purposes has taken on a new lease of life in the 1990s. The Single European Market and the Channel Tunnel have brought with them a host of new opportunities for British business people to work with their partners from abroad on many different kinds of projects. These include the traditional areas of exporting, such as working with an agent or a subsidiary company, but new scenarios are important too. Joint ventures and projects, work placements abroad and job exchange are all growing in number. As a result, more and more business people are recognising a need to become proficient in a foreign language.

In education too, there has been a growth in the number of courses offering a business language component. In higher education, for example, there is an increasing number of joint courses leading to dual qualifications. The 'Languages for All' movement is gaining ground in polytechnics and universities. Language Export (LX) Centres, adult education institutes and private language schools are all providing a range of language training services to the business community of today as well as for the business people of tomorrow.

The *Hotel Europa* series originates from this background. It recognises the growing need for beginners' language courses with a business focus for use in the classroom. It aims to provide authentic business situations, relevant to a wide range of industries, products and services. By setting the series in the functions and special events office of a hotel, we provide a business scenario which is accessible to anyone using the course, teacher or learner, whatever their own business background.

As Series Editors with extensive experience of working together to design and deliver courses tailored to the needs of the business community, we should like to take this opportunity of thanking our clients and colleagues for their help in shaping the *Hotel Europa* series. The range of business situations and language featured in the series is based entirely on the expertise we have been able to develop in this area through our contact with them. We are pleased to be able to pass it on for the benefit of others.

Marianne Howarth
The Language Centre
Brighton Business School
Brighton Polytechnic

Michael Woodhall
The Language Centre
Dorset Business School
Bournemouth Polytechnic

# Introduction

*Hotel Europa España* is a course in business Spanish designed for beginners and for those students who have some knowledge of elementary Spanish which they wish or need to convert to the language of business. The course is intended principally for classroom use. Used as a course book in a regular weekly class, it will take approximately one year to complete the ten chapters. Those students with some prior knowledge of Spanish may be able to complete the course in a shorter time.

No textbook for beginners can cover the whole range of business expertise, situations, industries, products and services the business person might expect to encounter in the course of a normal working life. In *Hotel Europa España* we feature situations with which all business people are familiar: making contact, introductions, meetings, presentations, and so on. The language functions and the business vocabulary presented in the course are appropriate to these general business situations. The creation of a set of identifiable characters who feature throughout the book facilitates the presentation of more complex dialogues and functions in more closely defined communicative situations. These can be adapted to meet specific purposes.

As understanding the spoken language is one of the major difficulties facing the student, we have placed great emphasis on listening to the language as the key to subsequent active use of Spanish. The basic material is contained in 40 short dialogues (four per chapter) which are also recorded on the audio cassettes. Listening practice is also provided through exercises and the *Algo de España* section at the end of each Stage.

The exercises after each dialogue are designed to encourage active practice of the functions and vocabulary contained in the dialogues and to build upon them. Throughout *Hotel Europa España* we have emphasised being able to understand the Spanish you hear and read, and making yourself understood when you are speaking or writing Spanish. To this end, all the instructions for the exercises and the introductions to the dialogues are in Spanish. Grammatical accuracy and elegance of expression may be desirable but they are secondary to the prime objective of efficient communication. Teachers should help learners to realise that in business, as in other contexts, making the effort to communicate with someone in his or her own language is already a point in their favour. *Hotel Europa España* aims to help people communicate with their business partners in an acceptable way. It is based on the idea that 'in real life' people are most interested in what you have to say and that they will be grateful to you for the courtesy of saying it to them in their own language.

## Suggestions for using *Hotel Europa España*

Each chapter follows the same overall pattern and can be exploited in a variety of different ways, according to the needs of learners and the preferred approach of the teacher. The pattern and content of each chapter is very flexible and is based on our experience of providing language courses to a wide variety of students over a period of many years. These suggestions are intended only as a guide. There is considerable freedom of choice for learners and teachers alike.

### *¿Entiendes?*

Each stage opens with a reading activity in Spanish which contains language items not all of which the student will understand. These items act as an introduction to the broad theme of each Stage while showing students that they can cope with material which appears to be beyond their level. Some of the material is authentic – advertisements, extracts from a telephone directory, a personality quiz – while other items have been adapted. These items, and their corresponding exercises, are designed to help learners make sense of a written source when their knowledge of Spanish is limited, and to develop extensive reading skills.

### *Diálogo*

The forty dialogues form the core material of *Hotel Europa España*. They represent a valuable body of business Spanish and it is important to exploit them as fully and as flexibly as possible. Each dialogue is introduced by some key words and phrases and their English equivalents. The dialogues are also recorded onto audio-cassette. Ideally, learners should listen to the cassettes without reference to the text as often as is necessary, until they feel ready to read them and tackle the comprehension exercise – *Responde* – which follows each dialogue.

### *Exercises*

Each dialogue is followed by a variety of exercises which are designed to develop the structural and communicative skills introduced in the dialogues. The exercises offer scope for extending the material presented in the dialogues in a flexible way. For example, the exercises on individual language points can be done either orally or in writing. The communicative assignments can often be done in pairs or in small groups, depending on classroom circumstances. While the register used in most of the dialogues is the more formal *Usted* form, in the instructions for the exercises and in some of the exercises themselves, the less formal *tú/vosotros* form of address is used.

In each stage there is one or more broadly-based communication exercise. These exercises aim to engage learners in active practice (spoken and/or written) of the language functions and the vocabulary of the Stage as a whole. While they usually take the form of a roleplay – *Practica* – they may also be a classroom activity or a dialogue chain.

### Algo de España

Each Stage contains an information section about Spain, its business and cultural life. Each section is supported by further authentic material and offers both teachers and students the opportunity to develop class discussions and project work on the theme introduced.

### Action Checklist

Each stage finishes with a checklist of functions and phrases in English and Spanish. This covers the principal structures and functions dealt with in each Stage and will help both teachers and students identify areas which need reinforcing before proceeding to the next Stage.

### Key phrases, grammar section and glossary

The lists of **key phrases** provide a quick source of reference to phrases and sentences used in a range of standard business situations. They include business socialising, participating in meetings, simple negotiating and telephoning.

The **grammar section** offers practical explanations and examples of the grammar points covered in *Hotel Europa España*. The numbers which appear in triangles alongside the exercises in each chapter refer to the corresponding section in the grammar.

The **glossary** contains all the vocabulary covered in the dialogues and exercises and the English equivalents. Some derivatives of some key words and phrases are given, while the more obvious cognates have been omitted.

## Acknowledgements _____

In writing *Hotel Europa España* we have received a great deal of support and encouragement from a number of people. We would like to thank, in particular, Sñr. Antonio Pose Mosquera from the Banco de Galicia, Don Carlos Nogueira Prego, Perito Industrial and Sñr. Román Lago Martín, Director Técnico of Hotel Ciudad de Vigo for their advice, comments and criticisms. By enabling us to test material our students have also made a valuable contribution to the book and we are grateful to them for their feedback. Special thanks must go to students at the European Business School in Regents Park.

Bob Gould                                                    Liliana Nogueira Pache

In Stage 1, you will:

- learn to use some business language
- learn to give some simple information
- learn to ask some questions
- learn some numbers and the alphabet
- start to learn something about Spain

## ¿Entiendes?

**COMERCIAL PERNAS, S.L.**
**COPER** S.L.

Suministros a la Industria Conservera
Tunidos, cefalópodos y mariscos congelados
Aceites y envases de hojalata

Vía Hispanidad, 75 - 2.º Of.-5 Apdo. 956
☎ 47 16 44 - 47 14 11 - 47 18 29
Télex: 83425 ENPV - Fax: 42 41 56      VIGO (Pontevedra)

**NORFISH**sl

**PRODUCTOS CONGELADOS**
PESCADOS Y MARISCOS
MAYORISTAS ● IMPORT - EXPORT

36216 **VIGO**
Riouxa, s/n. - ☎ **37 10 01** (Centralita)
Fax: 377521 - Telex: 83 411 NFSH E

**IBERCONSA**
(IBERICA DE CONGELADOS, S.A.)

* EMPRESA LIDER DE DISTRIBUCION DE PRODUCTOS CONGELADOS EN GALICIA
* VENTAS A NIVEL NACIONAL
* IMPORT-EXPORT

CENTRAL VIGO: LAMEIRO-SARDOMA
☎ (986) 42 11 99 - 42 12 88
Fax: 41 20 71

DELEGACION CORUÑA:
FRIGORIFICOS COALSA
☎ (981) 10 14 52
Fax: 28 50 65

DELEGACION MADRID
FRIGORIFICOS EL CAFETO
☎ (91) 681 67 12
Fax: 681 67 44

**PESCANOVA,**s.a.

**EMPRESA PESQUERA CONGELADORA**
**ALIMENTOS ULTRACONGELADOS**

PESCADOS, MARISCOS, PREPARADOS,
VERDURAS, PRECOCINADOS

Oficinas Generales: ☎ **45 05 63*** - **45 15 63***
Departamento Comercial ☎ **45 22 33***
Fax: 45 07 60. Apartado 424. Télex: 83072. 83083-83168 Pesva e
36320 CHAPELA (Vigo)

**MARNOVA S. L.**
Congelados y helados
**VIGO**
Cámara y Oficinas:
Ctra. del Bao, 151-(Corujo)
☎ *49 07 00

1  El número de teléfono de Marnova, S.L. es el ................

2  *Vía Hispanidad, 75 – 2⁰. Of. -5 Apdo.956 – Vigo* es la dirección de
la compañía ................

3 El número de fax de Pescanova, S.A. es el .................

4 ¿Qué empresa es *líder de distribución de productos congelados en Galicia?*

5 ¿Qué compañía tiene este número de télex: *83 411 NFSH E?*

# Diálogo 1

El señor José Manuel Galán, jefe regional de ventas de la compañía Clarasol S.A. y su secretaria particular, Carmen Bravo, preparan el lanzamiento de un nuevo aceite.

Estudia estas frases antes de escuchar el diálogo en el casete.

| | |
|---|---|
| ¿Puedo hablar con usted? | *Can I have a word with you?* |
| Es sobre . . . | *It's about . . .* |
| el lanzamiento | *the presentation* |
| la sala de conferencias | *the conference room* |
| muy pequeña | *very small* |
| ¿Por qué no telefonea . . . ? | *Why don't you call . . . ?* |
| Sí claro | *Yes, of course* |
| Muy bien | *Fine, very well* |

| | |
|---|---|
| *Carmen Bravo:* | Señor Galán, ¿Puedo hablar con usted un momento? |
| *José Manuel Galán:* | Sí claro. Dígame. |
| *Carmen Bravo:* | Es sobre el lanzamiento del nuevo aceite en septiembre. La sala de conferencias de la compañía es muy pequeña. |
| *José Manuel Galán:* | Humm . . . ¿Por qué no telefonea a un par de hoteles para averiguar si tienen salas de conferencias? |
| *Carmen Bravo:* | Muy bien. |

## Actividades

### A   Responde

**1** ¿Con quién habla Carmen Bravo?

**2** ¿Sobre qué?

**3** ¿Cuándo es el lanzamiento del nuevo aceite?

**4** ¿Cómo es la sala de conferencias de la compañía?

**5** ¿Por qué telefonea Carmen Bravo a un par de hoteles?

### B   Repasa

Coloca la forma adecuada *el* o *la* delante de las siguientes palabras.

Ejemplo:  *el* lanzamiento
　　　　　*la* compañía

| | | |
|---|---|---|
| . . . señorita | . . . peseta | . . . factura |
| . . . número | . . . banco | . . . dinero |
| . . . mercado | . . . hora | . . . silla |
| . . . cuenta | . . . libro | . . . teléfono |
| . . . producto | . . . mesa | |

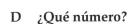

### C   Completa

Coloca el verbo entre paréntesis en la forma correcta.

................. (*ser*) Carmen Bravo, la secretaria particular del señor Galán. El ................. (*ser*) el jefe regional de ventas de la compañía Clarasol. (Yo) ................. (*necesitar*) hablar con el señor Galán porque en septiembre Clarasol ................. (*lanzar*) un nuevo aceite pero la sala de conferencias de la compañía ................. (*ser*) muy pequeña.

### D   ¿Qué número?

| | | |
|---|---|---|
| **1** uno | **2** dos | **3** tres |
| **4** cuatro | **5** cinco | **6** seis |
| **7** siete | **8** ocho | **9** nueve |
| ✳ | **0** cero | # |

**1** En un papel escribe uno de esos números y pregunta a tu compañero *¿Qué número es?*

+ = diez pesetas

+ + = once pesetas

+ + + = doce pesetas

+ + + + = trece pesetas

+ + + + + = catorce pesetas

+ + = quince pesetas

**2** Completa las ecuaciones:

Ejemplo: seis + tres = . . .

seis + tres = nueve

| ¡Mira! | |
|---|---|
| + | más |
| − | menos |
| × | por |
| = | igual a |

**a** dos × cuatro = . . .
**b** once − siete = . . .
**c** cinco + . . . = trece
**d** . . . × dos = catorce
**e** doce − . . . = nueve

**f** once + uno = . . .
**g** tres × cinco = . . .
**h** . . . × dos = cuatro
**i** nueve − . . . = tres
**j** siete − siete = . . .

# Diálogo 2

Carmen Bravo telefonea al Hotel Europa.

Estudia estas frases antes de escuchar el diálogo en el casete.

| | |
|---|---|
| Soy . . . | *I am . . .* |
| Mi nombre es . . . | *My name is . . .* |
| ¿Qué desea? | *What can I do for you?* |
| para 35 personas | *for 35 people* |
| ¿Tiene el hotel salas de conferencias? | *Does the hotel have a conference room?* |
| ¿Tiene folletos? | *Do you have any brochures?* |

| | |
|---|---|
| ¿Puede enviarme uno? | *Can you send me one?* |
| ¿Cuál es la dirección? | *What is the address?* |
| por favor | *please* |
| por supuesto | *of course* |
| Hay . . . | *There is/there are . . .* |

| | |
|---|---|
| *Luis Collazo:* | Hotel Europa. Buenos días. |
| *Carmen Bravo:* | Mi nombre es Carmen Bravo. Soy la secretaria particular del señor Galán, jefe regional de ventas de la compañía Clarasol S.A. |
| *Luis Collazo:* | Dígame señorita Bravo. ¿Qué desea? |
| *Carmen Bravo:* | Clarasol celebra una reunión para 30 personas en septiembre. ¿Tiene el hotel salas de conferencias? |
| *Luis Collazo:* | Sí claro. Hay tres. La sala Vigo es para 35 personas y la sala Barcelona para 50. La sala Atlántico es muy grande. |
| *Carmen Bravo:* | ¡Ah, muy bien! ¿Tiene folletos? |
| *Luis Collazo:* | Por supuesto. |
| *Carmen Bravo:* | ¿Puede enviarme uno, por favor? |
| *Luis Collazo:* | Sí, ¿cuál es la dirección por favor? |

## Actividades

### A Responde

1 ¿Quién es la secretaria del señor Galán?

2 ¿Qué cargo ocupa el señor Galán en la compañía Clarasol?

3 ¿Cuántas salas de conferencias hay en el Hotel Europa?

**4** ¿Para cuántas personas es la reunión?

**5** ¿Cómo es la sala Atlántico?

**6** ¿Tiene folletos el Hotel?

**B  Repasa**

Coloca la forma adecuada *un* o *una* delante de las siguientes frases.

Ejemplo:  ¿Tiene *un* folleto?

Carmen es *una* secretaria de Clarasol S.A.

**1** . . . momento por favor.

**2** Clarasol lanza . . . nuevo aceite.

**3** La sala de compañía es . . . sala muy pequeña.

**4** 'Clarasol' es . . . marca registrada.

**5** VISA es . . . tarjeta de crédito internacional.

**6** El Banco de España es . . . banco muy importante.

**C  Completa**

Escucha y lee los dos diálogos otra vez y completa los espacios en blanco.

**1** ¿.............. hablar con usted?

**2** Mi .............. es Carmen Bravo.

**3** ¿.............. .............. no telefonea a un par de hoteles?

**4** Clarasol celebra una .............. en septiembre.

**5** ¿Cuál es la ..............?

**6** La sala de conferencias de la compañía ..............
..............

**7** Dígame señorita Bravo. ¿.............. ..............?

**D  Conexiones**

Relaciona las dos columnas

| | |
|---|---|
| ¿Puedo hablar | una reunión en septiembre |
| Es sobre | para 50 personas |
| Clarasol celebra | es muy pequeña |
| La sala Barcelona es | el lanzamiento del nuevo aceite |
| La sala de conferencias de la compañía | con usted un momento? |

**E   Completa**

Coloca el verbo entre paréntesis en la forma correcta.

Mi nombre ................. (*ser*) José Manuel Galán, .................
(*trabajar*) en Clarasol. ................. (*ser*) una compañía de aceites
comestibles. Ahora ................. (*hablar*) con Carmen, ella
................. (*ser*) mi secretaria particular. ................. (*haber*) un
problema, la sala de la compañía ................. (*ser*) muy
pequeña, ................. (*ser*) para 20 personas y (yo) .................
(*necesitar*) una sala para 30.

# Diálogo 3 ———————————————————————

El señor Galán quiere ver el hotel.

Estudia estas frases antes de escuchar el díalogo en el casete.

| | |
|---|---|
| Aquí tiene el folleto | *Here is the brochure* |
| ¿Cómo es el hotel? | *What is the hotel like?* |
| Es un hotel de cuatro estrellas | *It's a four star hotel* |
| ¿Puede concertar una cita? | *Can you arrange an appointment?* |
| mañana por la mañana | *tomorrow morning* |
| por supuesto | *of course* |
| sobre las diez | *at about ten* |

| | |
|---|---|
| *Carmen Bravo:* | Aquí tiene el folleto del Hotel Europa. |
| *José Manuel Galán:* | ¡Ah, muy bien! Y ¿cómo es el hotel? |
| *Carmen Bravo:* | Es un hotel de cuatro estrellas. |
| *José Manuel Galán:* | Y ¿para cuántas personas es la sala de conferencias? |
| *Carmen Bravo:* | Tienen tres. Una muy grande y la sala Barcelona, para 50 personas y una pequeña, la sala Vigo, para 35. |

| José Manuel Galán: | Bien Carmen. ¿Puede concertar una cita para mañana por la mañana? Deseo visitar el hotel. |
| Carmen Bravo: | Por supuesto. ¿A qué hora? |
| José Manuel Galán: | Sobre las diez. |
| Carmen Bravo: | Muy bien. |

## Actividades

### A   Responde

1 ¿Cómo es el Hotel Europa?

2 ¿Qué desea el señor Galán?

3 ¿Cuál es el nombre de la sala para 35 presonas?

4 ¿Es la cita por la tarde?

5 ¿Es la sala Atlántico para 50 personas?

### B   Practica

Telefoneas a una compañía para hablar con el jefe de ventas. Practica con un compañero. Usa las frases que están abajo.

| Recepcionista: | Buenos días, Hispanosa. Dígame. |
| Usted: | ......................................................................... |
| Recepcionista: | Un momento por favor. |
| Dpto. de Ventas: | Dígame. |
| Usted: | ......................................................................... |
| Dpto. de Ventas: | El señor García no está en este momento. ¿Desea dejar un recado? |
| Usted: | ......................................................................... |
| Dpto. de Ventas: | ¿Mañana sobre las nueve? |
| Usted: | ......................................................................... |
| Dpto. de Ventas: | Adiós. |

**Usted:** Muy bien, adiós./Buenos días, mi nombre es ................, deseo hablar con el señor Garcia./¿Puedo hablar con el departamento de ventas?/¿Puedo concertar una cita para mañana por la mañana?

### C   Repasa

Mira el ejemplo y haz lo mismo.

Ejemplo: . . . secretaria        *la* secretaria de Clarasol
                    *una* secretaria        *la* secretaria de Clarasol

1 *una* compañía ... compañía Clarasol

2 *un* hotel ... Hotel Europa

3 ... sala de conferencias *la* sala Vigo

4 ... señor *el* señor Collazo

5 *una* reunión ... reunión de septiembre

6 ... jefe *el* jefe de ventas

**D** **Arréglalo**

En estos grupos de palabras hay una que no pertenece. ¿Cuál es?

Ejemplo: Señor – Jefe – Señorita – El    *Señorita*

1 Secretaria – Café – Director – Jefe de ventas ................

2 Hotel – Compañía – Televisión – Empresa ................

3 Luis – Pilar – Carmen – María ................

4 Celebra – Problema – Habla – Envía ................

5 Conferencia – Presentación – Teléfono – Reunión ................

# Diálogo 4

Carmen Bravo llama al Hotel Europa para concertar una cita para su jefe, el señor Galán.

Estudia estas frases antes de escuchar el díalogo en el casete.

¿A qué hora?                                              *At what time?*
encargada de la organización de                          *conference manager*
    conferencias
Entonces, hasta mañana                                    *Until tomorrow, then*

| | |
|---|---|
| *Luis Collazo:* | Buenos días señorita Bravo. ¿Qué desea? |
| *Carmen Bravo:* | Es sobre la reunión que la compañía Clarasol celebra en septiembre. |
| *Luis Collazo:* | Sí, sí. Dígame. |
| *Carmen Bravo:* | Deseo concertar una cita para mi jefe, el señor Galán, para mañana. |
| *Luis Collazo:* | ¿Puede repetir el nombre, por favor? |
| *Carmen Bravo:* | Galán, G-A-L-A-N. |
| *Luis Collazo:* | Muy bien. ¿A qué hora? |
| *Carmen Bravo:* | A las diez. |
| *Luis Collazo:* | Muy bien, no hay problema. Puede hablar con la señorita Pilar Vázquez, la encargada de la organización de conferencias. |
| *Carmen Bravo:* | Entonces hasta mañana. |
| *Luis Collazo:* | Adios. Hasta mañana. |

## Actividades

### A  Responde

1 ¿Por qué llama Carmen Bravo al señor Collazo?

2 ¿A qué hora es la cita?

3 Deletrea GALAN.

4 ¿Quién es Pilar Vázquez?

5 ¿Dónde trabaja Pilar Vázquez?

### B  Arréglalo

Estas frases no son verdaderas. Corrígelas.

Ejemplo:  La reunión de la compañía Clarasol es en octubre.
No, la reunión de la compañía Clarasol es en septiembre.

1 La sala de la compañía es muy grande.

2 El señor Galán es gerente de un hotel.

3 El jefe de Carmen Bravo es Luis Collazo.

4 El Hotel Europa es un hotel de cinco estrellas.

5 La sala de conferencias Barcelona es para 35 personas.

6 José Manuel Galán y Carmen Bravo trabajan en el Hotel Europa.

7 Luis Collazo es un empleado de Clarasol.

8 En el Hotel Europa hay dos salas de conferencias.

**C** **Escucha, mira y repite**

Escucha y mira las letras del abecedario. Repítelas en voz alta.

A B C CH D E F G H I J K L LL M

N Ñ O P Q R RR S T U V W X Y Z

**D** **Practica**

**1** Mira el diálogo y haz lo mismo con tu apellido con un compañero.

¿Puedo hablar con el señor García?
¿De parte de quién?
Fernando Yañez.
Perdón, ¿puede deletrear el apellido por favor?
Y-A-Ñ-E-Z.

**2** Escucha el casete y escribe el apellido en los espacios.

a ......................... b ......................... c .........................

d ......................... e ......................... f .........................

---

**¡Mira!**

| ¿Cuál | es | su dirección? |
| | | su nombre? |
| | | la capital de España? |
| ¿Quién | es | el jefe regional de ventas? |
| | | el Rey de España? |
| | | la señorita Bravo? |
| ¿Qué | celebra | Clarasol? |
| | envía | el señor Collazo? |
| | exporta | España? |

---

**E** **Y ahora**

Haz las preguntas para estas respuestas.

**1** ¿.....................................................?
Es Madrid.

**2** ¿.....................................................?
Es José Manuel Galán.

**3** ¿.....................................................?
Celebra una presentación.

**4** ¿.....................................................?
Mi nombre es Liliana.

**5** ¿.....................................................?
Es la secretaria particular del señor Galán.

**6** ¿..............................................................?
Envía un folleto.

**7** ¿..............................................................?
Mi dirección es Serrano, 23 – Vigo.

**8** ¿..............................................................
Es Juan Carlos I.

**9** ¿..............................................................?
Exporta naranjas, vino y aceite.

**F** **Completa**
Coloca el verbo entre paréntesis en la forma adecuada.

Ejemplo:  Carmen *telefonea* al hotel Europa.   (*telefonear*)

**1** (Yo) ................ en una escuela.   (*estudiar*)

**2** Usted ................ castellano muy bien.   (*hablar*)

**3** El señor Collazo ................ el folleto.   (*enviar*)

**4** La secretaria ................ un hotel.   (*buscar*)

**5** La señorita Bravo ................ la conferencia.   (*organizar*)

**6** (Yo) ................ las pesetas en el banco.   (*cambiar*)

**7** La compañía ................ el hotel.   (*pagar*)

**8** Él ................ la dirección del hotel.   (*preguntar*)

**9** Usted ................ mucho dinero.   (*ganar*)

**10** Ella ................ hablar con usted.   (*desear*)

• • • • • • • • • • • • • • • • • • • • • • • • • • • • • • • • • • • • •

# *Algo de España*

- España es una monarquía parlamentaria. Juan Carlos es el Rey de España y el Jefe del Estado.
- Cada cuatro años hay elecciones generales para elegir a los miembros del Parlamento. El Presidente del Gobierno y sus Ministros son del partido político con más votos.
- España es miembro del Mercado Común.
- En España hay 39 millones de habitantes aproximadamente. La capital de España es Madrid. Barcelona, Sevilla, Bilbao y Valencia son ciudades importantes.
- El idioma nacional de España es el castellano o español. Hay regiones autónomas donde hablan otro idioma también. En Galicia hablan gallego, en Cataluña hablan catalán y en el País Vasco hablan euskera o vasco.

## Actividades

**A** **Responde**

**1** ¿Quién es Juan Carlos?

**2** ¿Cuántos habitantes hay en España?

**3** ¿Cuál es la capital de España?

**4** Nombra algunas ciudades importantes de España.

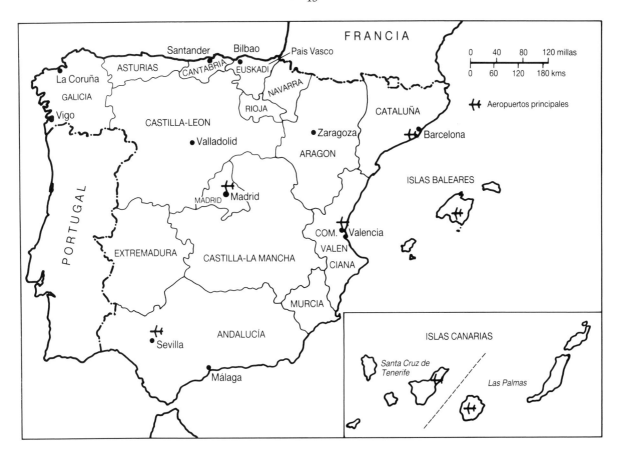

**5** ¿Qué idiomas hablan en España?

**6** ¿Es España miembro del Mercado Común?

**B Practica**

Ahora, en castellano, describe tu propio país.

## Action checklist

*Before going on to Stage 2 make sure you can:*

- *say who you are*
  Soy Carmen Bravo

- *say your position*
  Soy jefe de ventas

- *say which company*
  Soy de la compañía Clarasol

- *solicit basic information*
  ¿Cuál es el número de teléfono?

# 2 Los primeros contactos

*In Stage 2, you will learn:*

- to ask questions
- business introductions (formal and informal)
- to identify internal business hierarchy

## ¿Entiendes?

---

### EMPRESA DE ALIMENTACION NACIONAL LINEA DELICATESSEN

Precisa para Madrid

## VENDEDORES/AS

**Se requiere:**
- Edad entre 23 - 30 años.
- Servicio Militar cumplido.
- Bachillerato Superior y Formación Universitaria.
- Buena presencia y trato agradable.
- Coche propio.

**Se ofrece:**
- Empresa seria, líder en el mercado.
- Retribución fija más incentivos.
- Ayuda gastos vehículo.

Dirigir Currículum y fotografía a:
Sr Picazo, C/ Fortuny, 45 - 28010
Madrid, (Ref.: Vendedores)

---

NUESTRO CLIENTE, UNA IMPORTANTE
EMPRESA SUIZA PARA PRODUCTOS DENTALES

**necesita**

# DIRECTOR

## PARA SU SUCURSAL EN ESPAÑA, SITUADA EN MADRID

**Pedimos:** Odontólogo, médico, biólogo o químico con formación en economía y experiencia comercial, con interés o conocimientos en el campo dental. Don de gentes.

**Edad:** 28-40 años.

**Idiomas:** Español, además de inglés o alemán.

**Sueldo:** A convenir.

Para más informe y posible contacto, enviar a

**Tech-Dent AG**
**Gaswerkstr. 33 - CH-4900 Langenthal - Fax: CH-63 23 02 50**

*Curriculum vitae* - Carta de solicitud - Fotografía reciente

---

### EMPRESA DE ARQUITECTURA Y CONSTRUCCIÓN NECESITA

## APAREJADORES

**Con dos años mínimo de experiencia**

## CONTABLES

**Interesados:** Solicitar entrevista telefónicamente a los teléfonos (91) 250 48 36 / 7, señorita Silvia.

---

EMPRESA DE EDICIONES DE REVISTAS TÉCNICAS PRECISA

## 2 AGENTES DE PUBLICIDAD

### MADRID. 3.500.000 pesetas/año

Deberán potenciar la cartera existente de clientes anunciantes. Experiencia mínima de 2 años en venta de servicios o publicidad y ciertos conocimientos del mundo de la edición. Rogamos a los interesados envíen urgentemente historial profesional a la referencia 120.756.

**"Torre Madrid". Plaza España, 18**
**Planta 18, despacho 1. 28008 Madrid**

**ABZ**

SELECCIÓN DE PERSONAL. Barcelona-Madrid

**EMPRESA DE MARKETING HOTELERO precisa:**

# SECRETARIA DE DIRECCION

**SE REQUIERE:**
- Buenos conocimientos de inglés y máquina.
- Experiencia mínima de tres años en puesto similar.
- Acostumbrada a trabajar en equipo.
- Se valorarán conocimientos de francés.

Rogamos se abstengan aquellas personas que no reúnan estas condiciones.

**SE OFRECE:**
- Salario bruto anual de 1.680.000 a 1.800.000 ptas.
- Puesto estable con incorporación inmediata.
- Otros beneficios económicos.

**Remitir C.V. con foto reciente a:**
**MARKHOTEL**
**Jacometrezo, 4 - 28013 MADRID**

---

## EMPRESA DE ÁMBITO NACIONAL DE PRODUCTOS DE GRAN CONSUMO
### precisa

# JEFE REGIONAL DE VENTAS
## ZONA CENTRO

Dependiendo del jefe nacional de ventas, será el máximo responsable de todas las actividades comerciales de la compañía en la zona indicada.

**Sus principales funciones serán:**
- Controlar la correcta aplicación de las políticas comerciales.
- Planificar, dirigir y supervisar un equipo de 7 vendedores.
- Atender y visitar personalmente a los principales clientes.

El candidato deberá ser un profesional con experiencia comercial, preferiblemente en productos de gran consumo y dirección de equipos de ventas.

La retribución orientativa es de 5.000.000 de pesetas brutas, coche de la empresa y gastos pagados.

**Interesados** enviar *curriculum vitae*, adjuntando fotografía de carnet reciente, a: M.P.S.A. Referencia 203. Avenida Diagonal, número 605, 08028 Barcelona.

---

Lee los anuncios con atención y responde a las siguientes preguntas.

**1** ¿Qué oferta de empleo ofrece un salario bruto anual de 1.680.000 a 1.800.000 ptas.?

**2** ¿Para qué zona quiere una empresa un jefe regional de ventas?

**3** ¿De dónde es la empresa que busca un director para su sucursal en España?

**4** ¿Cuánto ganan los agentes de publicidad en la empresa ABZ?

**5** ¿Cuál es la edad mínima para ser vendedor/a en la empresa de alimentación nacional línea Delicatessen?

**6** ¿Cuál es la dirección de la compañía ABZ?

**7** ¿Cuál de los empleos ofrece un salario de 5.000.000 de pesetas brutas?

**8** ¿Qué idiomas necesitas para solicitar el puesto de director?

## Diálogo 1

Carmen Bravo y José Manuel Galán llegan a la recepción del Hotel Europa.

 Estudia estas frases antes de escuchar el diálogo en el casete.

¿En qué puedo servirles?     *What can I do for you?*
¿De parte de quién?     *Who shall I say?*

| ¿Quieren sentarse? | *Would you like to take a seat?* |
| enseguida | *right away, in a moment* |

| Carmen Bravo: | ¡Buenos días! |
| Recepcionista: | Buenos días. ¿En qué puedo servirles? |
| Carmen Bravo: | Tenemos una cita con el señor Collazo. |
| Recepcionista: | ¿De parte de quién, por favor? |
| Carmen Bravo: | Del señor Galán de la compañía Clarasol. |
| Recepcionista: | Señor Galán . . . ¡Ah sí! ¿Quieren sentarse un momento? Enseguida está con ustedes. |

## Actividades

**A  Responde**

    **1** ¿Dónde están Carmen Bravo y el señor Galán?

    **2** ¿Con quién habla Carmen Bravo?

    **3** ¿A qué compañía representan?

    **4** ¿A quién quieren ver?

    **5** ¿Quién tiene una cita con el señor Collazo?

**B  Verdadero o falso**

    **1** El apellido de Carmen es Collazo.

    **2** El señor Galán y Carmen se sientan un momento.

    **3** La recepcionista habla con José Manuel Galán.

**4** Carmen Bravo y José Manuel Galán tienen una cita con Luis Collazo.

**5** El nombre del señor Galán es José Manuel.

**C  Conexiones**

Relaciona las dos columnas.

| | |
|---|---|
| España es | la señorita Vázquez. |
| Deseo concertar | española. |
| Puede hablar con | una cita para mañana. |
| Tú eres | en un banco. |
| El señor Galán | miembro del Mercado Común. |
| Tú trabajas | trabaja en la compañía Clarasol. |

**D  Más números**

| | | |
|---|---|---|
| 16 dieciséis | 30 treinta | 51 cincuenta y uno |
| 17 diecisiete | 31 treinta y uno | 60 sesenta |
| 18 dieciocho | 32 treinta y dos | 70 setenta |
| 19 diecinueve | 33 treinta y tres | 80 ochenta |
| 20 veinte | 40 cuarenta | 90 noventa |
| 21 veintiuno | 41 cuarenta y uno | 100 cien |
| 22 veintidós | 42 cuarenta y dos | 101 ciento uno |
| 23 veintitrés | 50 cincuenta | 120 ciento veinte |
| | | 183 ciento ochenta y tres |

**E  Practica**

Estos son los números internos del Hotel Europa

| | |
|---|---|
| 29: Recepción | 115: Garaje |
| 104: Reservas | 61: Piscina |
| 96: Lavandería | 17: Gimnasio |
| 110: Cafetería | 179: Peluquería |
| 55: Servicio de habitaciones | 48: Servicio despertador |
| 76: Servicio de Taxis | 24: Desayunos |
| 147: Despacho de la señorita Vázquez | 181: Comedor |
| 83: Despacho del señor Collazo | 5: Línea exterior |

Hablas con la centralita para pedir conexión con uno de esos servicios. Mira el ejemplo y continúa.

Ejemplo: Quieres hablar con Recepción.
Por favor, ¿me puede poner con la extensión veintinueve?

**1** Quieres un taxi.

**2** Quieres una camisa limpia para mañana.

**3** Quieres cortarte el pelo.

**4** Quieres lavar el coche.

5 Quieres telefonear a Inglaterra.

6 Te quieres levantar mañana a las seis de la mañana.

7 Quieres hablar con la recepcionista.

8 Quieres cenar en tu habitación.

9 Quieres reservar una habitación para tu jefe.

10 Quieres practicar tus ejercicios de gimnasia.

11 Quieres el desayuno a las siete.

12 Quieres saber si un amigo está en la cafetería.

13 Quieres hablar con el director técnico del hotel.

14 Quieres nadar.

15 Quieres reservar una mesa para cenar.

16 Quieres hablar con la señorita Vázquez.

## Diálogo 2

¿Cómo está?

Estudia estas frases antes de escuchar el diálogo en el casete.

| | |
|---|---|
| ¿Cómo están? | *How do you do?* |
| Encantado/a | *Nice to meet you* |
| Mucho gusto | *It's a pleasure* |
| ¿Me acompañan? | *Come this way please* |
| ¿Qué tal? | *How are you?* |
| ¡Adelante! | *Come in* |

| | |
|---|---|
| *Luis Collazo:* | Buenos días, soy Luis Collazo, director técnico del hotel. ¿Cómo están ustedes? |
| *Carmen Bravo:* | ¿Cómo está señor Collazo? Soy Carmen Bravo. |
| *Luis Collazo:* | Encantado. |
| *Carmen Bravo:* | Y el señor Galán, jefe regional de ventas de Clarasol. |
| *José Manuel Galán:* | Encantado. |
| *Luis Collazo:* | Mucho gusto. La señorita Vázquez, coordinadora de reuniones y banquetes del hotel, está en su despacho. ¿Me acompañan por favor? |
| | (*¡Pum! ¡Pum!*) |
| *Luis Collazo:* | ¿Se puede? |
| *Pilar Vázquez:* | ¡Adelante! |
| *Luis Collazo:* | Hola Pilar. Aquí están el Señor Galán, de Clarasol . . . |
| *José Manuel Galán:* | Mucho gusto señorita Vázquez. |
| *Pilar Vázquez:* | ¿Cómo está usted? |
| *Luis Collazo:* | . . . Y su secretaria la señorita Carmen Bravo. |
| *Pilar Vázquez:* | ¿Qué tal? |
| *Carmen Bravo:* | Encantada. |
| *Pilar Vázquez:* | Por favor, siéntense. |
| *Carmen Bravo y José Manuel Galán:* | ¡Gracias! |

## Actividades

### A   Responde

  1  ¿Quién es Luis Collazo?

  2  ¿A dónde van Carmen Bravo, José Manuel Galán y Luis Collazo?

  3  ¿Quién es Pilar Vázquez?

  4  ¿Qué responde Pilar Vázquez al saludo de José Manuel Galán?

  5  ¿Qué pregunta Luis Collazo cuando llama a la puerta de la oficina de Pilar Vázquez?

  6  ¿Qué responde Pilar Vázquez?

### B   Conexiones

Relaciona las dos columnas.

| ¿Se puede? | la señorita Vázquez y el señor Galán |
|---|---|
| ¿Cómo está usted? | está en su despacho |

Aquí están        Adelante
Por favor siéntense     Encantado
La señorita Vázquez    Gracias

**C   Más números**

¡Mira y completa!

| | | | |
|---|---|---|---|
| 2 | dos | 200 | doscientos |
| 3 | tres | 300 | tres...... |
| 4 | cuatro | 400 | cuatro...... |
| 5 | cinco | 500 | QUINIENTOS |
| 6 | seis | 600 | seis...... |
| 7 | siete | 700 | SETECIENTOS |
| 8 | ocho | 800 | ocho...... |
| 9 | nueve | 900 | NOVECIENTOS |

**D   Completa**

Escucha el diálogo y completa los espacios en blanco sin mirar el texto.

Luis Collazo:    Buenos días, ................ Luis Collazo, ................ técnico del Hotel. ¿Cómo ................ ustedes?

Carmen Bravo:    ¿................ está señor Collazo? Soy ................ Bravo.

Luis Collazo:    ................

Carmen Bravo:    Y el ................ Galán, ................ regional de ventas de Clarasol.

José Manuel Galán:    ................

Luis Collazo:    ................ gusto. La ................ Vázquez, coordinadora de ................ y banquetes del hotel, ................ en su despacho. ¿Me acompañan por ................?

(¡Pum! ¡Pum!)

¿Se ................?

Pilar Vázquez:    ¡Adelante!

Luis Collazo:    ................ Pilar. Aquí ................ el señor Galán, jefe de ................ de Clarasol.

José Manuel Galán:    Mucho ................ señorita Vázquez.

Pilar Vázquez:    ¿Cómo ................ usted?

Luis Collazo:    Y su ................ la señorita Carmen Bravo.

Pilar Vázquez:    ¿................ tal?

Carmen Bravo:    ................

Pilar Vázquez:    ................ favor, siéntense.

Carmen Bravo y
José Manuel Galán:    ................

### E  Practica

En grupos de tres o cuatro practica las presentaciones, como en el diálogo.

# Diálogo 3 ───────────────────────────────

Primera puesta en contacto.

 Estudia estas frases antes de escuchar el díalogo en el casete.

| Como sabes | As you know |
| en principio | basically |
| también | also |

| Luis Collazo: | Como sabes Pilar, la compañía Clarasol tiene una reunión en septiembre. El señor Galán quiere saber qué servicios ofrece el hotel. |
| José Manuel Galán: | Sí, en principio queremos alquilar, por un día, una de las salas de conferencias. Creo que la sala Barcelona ¿no? |
| Pilar Vázquez: | No, no. Es la sala Vigo, que tiene capacidad para 35 personas. ¿Cuántas personas vienen? |
| José Manuel Galán: | Aproximadamente treinta. A ver Carmen, ¿Tiene la lista? |
| Carmen Bravo: | Sí, aquí está. |
| Pilar Vázquez: | ¿Son todos los asistentes de la compañía? |
| Carmen Bravo: | No, también vienen representantes de las empresas conserveras. |
| Pilar Vázquez: | ¿Y por parte de Clarasol? |

| Carmen Bravo: | Los delegados de zona, el director general, el director de ventas y quizás el director de investigación. |
| José Manuel Galán: | Lo dudo. Creo que en septiembre tiene un congreso en Italia. |

## Actividades

### A Responde

1 ¿Qué quiere el señor Galán?

2 ¿Cuántos días quieren alquilar la sala?

3 ¿Cuántas personas asisten a la presentación?

4 ¿Quién tiene la lista?

5 ¿Todos los asistentes son de la compañía Clarasol?

6 ¿Quién tiene un congreso en Italia en septiembre?

---

**¡Mira!**

| Singular | Plural |
|----------|--------|
| El hotel | Los hoteles |
| La secretaria | Las secretarias |
| Un delegado | Unos delegados |
| Una fábrica | Unas fábricas |

---

### B Repasa

Completa el diálogo usando *el/la/los/las/un/una/unos/unas*, o nada. Después practica con un compañero.

- Buenos días María, ¿Está . . . director?
- ○ No . . . director está en . . . reunión.
- ¿En qué reunión?
- ○ En . . . reunión de . . . Junta Directiva. ¿Por qué?
- Necesito . . . documentos.
- ○ ¿Qué documentos?
- . . . contratos sobre . . . publicidad de . . . nuevos productos. Tengo . . . dudas sobre . . . de . . . claúsulas.
- ○ Creo que tengo . . . copia en . . . archivo.
- Eres . . . tesoro.

### C ¿Quién es quién?

Escucha la cinta y rellena los espacios en el diagrama.

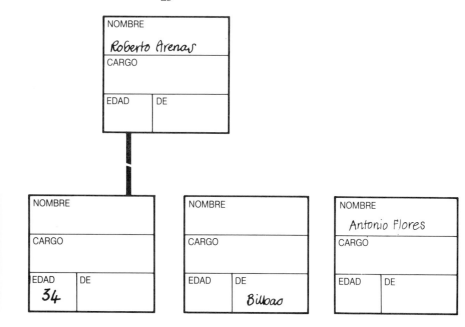

NOMBRE

*Roberto Arenas*

CARGO

| EDAD | DE |

---

NOMBRE

CARGO

*Director de Producción*

| EDAD | DE |

---

NOMBRE

CARGO

| EDAD | DE |
| *34* | |

---

NOMBRE

CARGO

| EDAD | DE |
| | *Bilbao* |

---

NOMBRE *Antonio Flores*

CARGO

| EDAD | DE |

 **D  Completa**

Rellena los espacios en blanco con la forma adecuada del verbo *ser* o *estar*.

1 Vigo ................. una ciudad española.

2 El Hotel Europa ................. en Vigo.

3 Carmen Bravo y José Manuel Galán ................. en la recepción del hotel.

4 Como trabajan mucho ................. cansados.

5 Ella ................. inteligente.

6 ¿Cómo ................. usted?

7 Las oficinas principales de Clarasol ................. en Sevilla.

8 La cita con el presidente de la compañía ................. mañana.

9 Diez más diez ................. veinte.

10 Yo ................. inglés.

# Diálogo 4

¿Quieren tomar algo?

 Estudia estas frases antes de escuchar el diálogo en el casete.

| | |
|---|---|
| Yo creo que . . . | *I think that . . .* |
| ¿Quieren tomar algo? | *Would you like something to drink?* |

| | |
|---|---|
| para mí | *for me* |
| Yo quiero un té | *I'd like (I want) a tea* |
| Tengo sed | *I'm thirsty* |
| Unas galletas también | *Some biscuits too* |

| | |
|---|---|
| *Pilar Vázquez:* | Bien, yo creo que el hotel puede responder perfectamente. Pero antes de seguir, ¿Quieren tomar algo? |
| *José Manuel Galán:* | Gracias, un café para mí, por favor. |
| *Carmen Bravo:* | Pues yo quiero un té, gracias. |
| *Luis Collazo:* | Excelente idea, pues tengo sed. Yo quiero tomar una tónica con hielo. |
| *Pilar Vázquez:* | ¿Cómo quieren el café y el té? |
| *José Manuel Galán:* | El café solo, por favor. |
| *Carmen Bravo:* | El té con leche, gracias. |
| *Pilar Vázquez:* | (*Habla con su secretaria por teléfono*) Rosa, queremos dos cafés solos, un té con leche y una tónica con hielo . . . ¡Ah! y unas galletas también. |

## Actividades

### A  Responde

Ejemplos:

**1** ¿Qué quiere tomar José Manuel Galán?

**2** ¿Cómo quiere el café?

Continúa:

**3** ¿................. ................. ................. Carmen Bravo?

4 ¿.................... .................... ................. té?

5 ¿.................... .................... ................. Luis Collazo?

6 ¿.................... .................... ................. tónica?

7 ¿.................... .................... ................. Pilar Vázquez?

8 ¿.................... .................... ................. café?

9 ¿Qué quieren tomar también?

**B** **Completa**

Rellena los espacios con la forma adecuada del verbo entre paréntesis.

1 ¿Cuántas personas ................. en la oficina.   (*estar*)

2 El director de ventas ................. un congreso.   (*tener*)

3 Las empresas conserveras ................. a la reunión.   (*venir*)

4 El hotel ................. salas para conferencias.   (*alquilar*)

5 Nosotros ................. visitar la planta de montaje.   (*querer*)

6 Seat y Ford ................. fábricas en España.   (*tener*)

7 El director general ................. que el plan ................. bueno.   (*creer/ser*)

8 Los empleados de Francasa ................. trabajar menos horas.   (*querer*)

9 Yo ................. a la oficina en taxi.   (*venir*)

10 Pero ellos ................. en metro.   (*venir*)

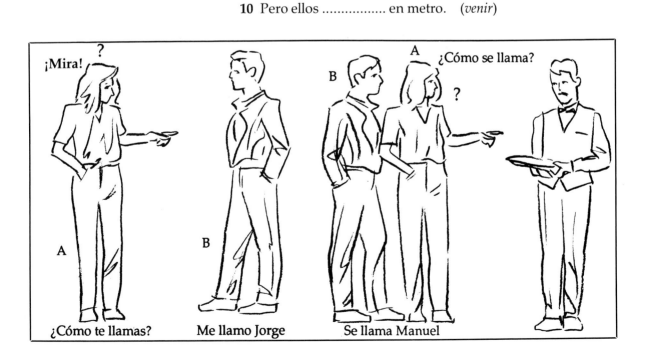

¡Mira! ?

¿Cómo se llama?

A

B

?

A

¿Cómo te llamas?   Me llamo Jorge   Se llama Manuel

**C    Practica**

- Tú
○ Tu compañero

Ejemplo:  El Rey de España/Juan Carlos
  - ¿Cómo se llama el Rey de España?
  ○ Se llama Juan Carlos.

**1**  La capital de España/Madrid

**2**  Tú/Rosa

**3**  El hotel/Hotel Europa

**4**  Usted/Alberto Feteira

**5**  Tú/Yo

**D    Y unos números más: 'los miles y los millones'**

| 1.000 | mil | 1.000.000 | un millón |
|---|---|---|---|
| 2.000 | dos mil | 2.000.000 | dos millones |
| 3.000 | tres mil | 3.000.000 | tres millones |
| 10.000 | diez mil | 10.000.000 | diez millones |
| 17.000 | diecisiete mil | 17.000.000 | diecisiete millones |
| 45.000 | cuarenta y cinco mil | 45.000.000 | cuarenta y cinco millones |

**E    Y ahora**

Escribe y lee las siguientes cantidades:

**1**  3.524

**2**  45.792.332

**3**  155.981

**4**  500.024

**5**  7.707.007

## *Algo de España*

- España está situada al suroeste del continente europeo. Tiene una extensión aproximada de medio millón de kilómetros cuadrados.
- El territorio español está formado por gran parte de la península Ibérica, las islas Baleares, las islas Canarias y las ciudades de Ceuta y Melilla en el Norte de Africa.
- España tiene fronteras con Francia al Norte y con Portugal al Oeste.
- España limita al Norte con el Mar Cantábrico y los Pirineos, al Sur con el Océano Atlántico, el estrecho de Gibraltar y el Mar Mediterráneo. Al Oeste con el Océano Atlántico y Portugal y al Este con el Mar Mediterráneo.

- Las principales zonas industriales son Madrid, el País Vasco, Cataluña, Valencia y Asturias. Hay también otras áreas industriales menos importantes. La distribución de la renta familiar disponible por habitante refleja esta división.

**¡Mira!**

a el ⟶ al          de el ⟶ del

**Mapa A:  Renta familiar disponible por habitante** Diferencias relativas / Año 1985

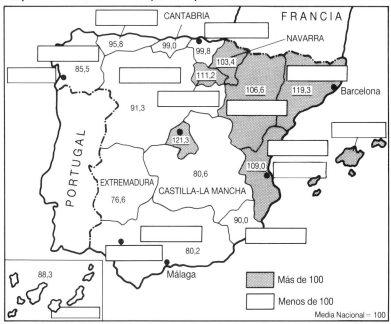

CANTABRIA          F R A N C I A

95,8          99,0

          99,8          NAVARRA

85,5                    103,4

                    111,2          106,6          119,3          Barcelona

91,3

          121,3

                    109,0

          80,6

PORTUGAL

EXTREMADURA          CASTILLA-LA MANCHA

          76,6                    90,0

                    80,2

                    Málaga

88,3

          Más de 100

          Menos de 100

          Media Nacional = 100

**Mapa B:  Regiones industriales de España**

La Coruña          Santander          Bilbao          FRANCIA          grandes regiones industriales

                                        San          áreas industriales
          SECTOR ASTURIANO          Vitoria  Eibar  Sebastián
                                                  centros industriales
Vigo          León          SECTOR VASCO  Pamplona

                              Burgos          Sabadell          Gerona
          Valladolid                    Manresa          Mataró
                    Zaragoza          Tarrasa
                                        Tarragona          Barcelona
          Salamanca          REGION                    SECTOR CATALÁN
          Béjar          Madrid
PORTUGAL          MADRILEÑA          Sagunto
                              Valencia          SECTOR
                                        VALENCIANO
          Puertollano          Alcoi
                                        Alicante
          Córdoba
          Sevilla                    Cartagena

Cádiz          Málaga

Taken from *O'FARO 6 EXB* , reproduced by kind permission of the publishers,
Editorial Vicens-Básica S.A., Avda. de Sarriá, 130, 08017 Barcelona

## Actividades

### A Verdadero o falso

1 España está situada al noroeste de Francia.
2 Las islas Canarias están en el Mar Mediterráneo.
3 España limita al Oeste con Portugal.
4 España ocupa la totalidad de la Península Ibérica.
5 Ceuta y Melilla están en el Norte de Africa.
6 Extremadura es una de las principales zonas industriales de España.
7 La renta familiar disponible por habitante en Andalucía es el 80,2% de la media nacional.

### B Completa

En el mapa A rellena los nombres que están en blanco. Mira el mapa de la Unidad 1.

●●●●●●●●●●●●●●●●●●●●●●●●●●●●●●●●●●●●●●●●●●●●●●●●●●●●●●●●●

## Action checklist

*Before going on to Stage 3 make sure you can:*

● *introduce yourself*
Me llamo Carmen Bravo

● *respond to introductions*
Mucho gusto
Encantado

● *say numbers*
Tengo cinco mil pesetas

● *state your occupation*
Soy el director de producción

# 3 ¿Qué días son convenientes?

> *In Stage 3, you will learn:*
> - to tell the time
> - to confirm and correct information
> - the days of the week and months
> - to express a future idea

## ¿Entiendes?

### JULIO

**lunes 24**

*Reunión con Don Carlos*
*Comprar regalo de yago*

**martes 25**                                    *Ap. Santiago*

*¡FESTIVO!*
*Comida en casa de yago y Magda*

**miércoles 26**

*Ver clientes*
*Llamar sucursal de Toledo*

**jueves 27**

*Hacer pedidos*
*Avisar técnico/computador*
*Cena con Mr Forsyth en Las Barcas*

### JULIO

**viernes 28**

*¡¡Terminar informes!! ¡¡Urgente!!*
*Reservar cancha de tenis para el*
*sábado        Tel. 263194*

**sábado 29**

*Ir de compras con Eva*
*Tenis con Jorge - 12.00*

**domingo 30**

*Misa a las 12*
*Churrasco en casa de Eva*

1 ¿Trabaja el martes?

2 ¿Por qué no?

3 ¿Cuándo va a terminar los informes?

4 ¿Qué va a comprar el lunes?

5 ¿Cuándo va a llamar a la surcursal de Toledo?

6 ¿Dónde va a comer un churrasco el domingo?

7 ¿Con quién juega tenis el sábado?

8 ¿Va a cenar con Mr Forsyth en Las Anclas?

9 ¿A qué hora va a Misa?

10 ¿Cuál es el número de teléfono del club de tenis?

## Diálogo 1

Pilar Vázquez y José Manuel Galán hablan sobre la fecha de la presentación.

Estudia estas frases antes de escuchar el diálogo en el casete.

| | |
|---|---|
| así que | *so* |
| la primera semana | *the first week* |
| Va a durar . . . | *It is going to last . . .* |
| por lo menos | *at least* |
| porque | *because* |
| además | *besides, in addition to* |
| para darles la bienvenida | *to welcome them* |
| si me disculpan | *if you'll excuse me* |

| | |
|---|---|
| *Pilar Vázquez:* | Así que la presentación va a ser en septiembre ¿verdad? ¿Alguna fecha en concreto? |
| *José Manuel Galán:* | En la primera semana de septiembre porque el aceite va a estar a la venta en diciembre. |
| *Pilar Vázquez:* | ¿Cuántos días va a durar la presentación? |
| *José Manuel Galán:* | Un día. |
| *Pilar Vázquez:* | Entonces van a disponer de los servicios del hotel durante un día completo, ¿no? |
| *José Manuel Galán:* | No, por lo menos vamos a necesitar un día y dos noches, porque algunos delegados vienen de otras partes de España y van a llegar la tarde anterior. |
| *Pilar Vázquez:* | Entonces, además de la sala de conferencias, quieren reservar algunas habitaciones ¿no? |
| *José Manuel Galán:* | Exactamente. Además pensamos en un aperitivo sencillo y una cena para darles la bienvenida. |
| *Pilar Vázquez:* | Perfectamente. |
| *Luis Collazo:* | Bueno, como veo que están en buenas manos, si me disculpan, voy a atender otros asuntos. Hasta luego. |

## Actividades

### A   Responde

1 ¿Cuántos días va a durar la presentación?

2 ¿Cuándo va a estar el aceite a la venta?

3 ¿Cuántas noches van a necesitar en el hotel?

4 ¿Cuándo van a llegar los delegados de otras partes de España?

5 ¿Qué van a ofrecer a los delegados la noche anterior a la presentación?

6 ¿Por qué?

**B    Conexiones**

Coloca los meses del año con el dibujo correspondiente.

1 septiembre

2 agosto

3 enero

4 marzo

5 mayo

6 junio

7 julio

8 noviembre

9 abril

10 diciembre

11 octubre

12 febrero

**C    Practica**

Lee el calendario de ferias y salones en España.

Telefoneas a la Oficina Comercial de la Embajada española.
Quieres saber si hay alguna feria en España relativa a tu
profesión.
Ahora practica con un compañero. Mira el ejemplo:

(Tú eres el gerente de una cooperativa agraria)

*Tú:*    Soy el gerente de una cooperativa agraria. ¿Hay alguna feria en
España?

| | |
|---|---|
| enero | Salón de Deporte y Camping – Barcelona |
| febrero | Salón Náutico Internacional – Barcelona |
| marzo | Feria Técnica de la Industria Eléctrica y Maquinaria de Elevación y Transporte – Bilbao |
| abril | Feria de Muestras Latinoamericana – Sevilla |
| mayo | Feria Internacional de la Construcción y Obras Públicas – Madrid |
| junio | Feria Oficial e Internacional de Muestras – Barcelona |
| agosto | Salón de la Elegancia – San Sebastián |
| septiembre | Feria Agrícola Nacional Frutera de San Miguel – Lérida |
| octubre | Feria Internacional de la Conserva y Alimentación – Murcia |
| noviembre | Feria de Muestras Monográfica Internacional del Equipo de Oficina y de la Informática – Madrid |

*Embajada:*     Sí, la feria Agrícola Nacional Frutera de San Miguel.

*Tú:*     ¿Cuándo es?

*Embajada:*     En septiembre.

*Tú:*     Y ¿dónde es?

*Embajada:*     En Lérida.

**1** (Tú eres un arquitecto)

**2** (Tú eres un conservero)

**3** (Tú eres el dueño de un yate)

**4** (Tú quieres hacer negocios con Méjico)

**5** (Tú eres un inventor)

**6** (Tú eres el dueño de una compañía de grúas)

**7** (Tú tienes una boutique)

**8** (Tú eres jefe de desarrollo de una compañía de Informática)

**9** (Tú eres un representante de una cadena de tiendas de deportes)

# Diálogo 2 _____

José Manuel Galán y su secretaria miran la agenda para
septiembre. Pilar Vázquez confirma esos días con Reservas.

Estudia estas frases antes de escuchar el diálogo en el casete.

| | |
|---|---|
| ¿Qué hay el lunes? | *What's on on Monday?* |
| Creo que . . . | *I think that . . .* |
| nada | *nothing* |
| algunos/as | *some* |
| No deben | *(They) should not* |
| nunca | *never* |
| Voy a llamar | *I'm going to call* |
| Estoy de acuerdo | *I agree* |

| | |
|---|---|
| *Pilar Vázquez:* | Entonces, ¿Qué días son convenientes? |
| *José Manuel Galán:* | Carmen, ¿Quiere ver la agenda para septiembre? |
| *Carmen Bravo:* | El martes 7 o quizá el viernes día 10. |
| *José Manuel Galán:* | ¿Qué hay el lunes? |
| *Carmen Bravo:* | Nada, pero como algunos delegados vienen de otras provincias, creo que salir el domingo no es una buena idea. |
| *José Manuel Galán:* | Bien pensado. |
| *Pilar Vázquez:* | Sí, estoy de acuerdo. Mi experiencia es que las convenciones o congresos no deben empezar nunca un lunes. |
| *José Manuel Galán:* | En ese caso, el martes está bien. |
| *Pilar Vázquez:* | Bueno, entonces voy a llamar a Reservas a ver como están en septiembre. |

**Actividades** _____

A   **Responde**

1   ¿Qué va a ver Carmen?

2   ¿Qué días sugiere Carmen Bravo?

3   ¿Por qué cree Carmen Bravo que el lunes no es un buen día para la presentación?

4   ¿Está Pilar Vázquez de acuerdo con Carmen Bravo?

5   ¿Qué día deciden celebrar la presentación?

6   ¿A dónde va a llamar Pilar Vázquez?

   B   **Completa**

Escucha la conversación en el casete entre Susana y Gustavo que quieren concertar una cita. Usa las palabras claves para anotar en sus respectivos diarios sus citas y tiempo libre. Averigua qué día pueden concertar la cita.

### GUSTAVO

|          | mañana | tarde |
|----------|--------|-------|
| lunes    |        |       |
| martes   |        |       |
| miércoles|        |       |
| jueves   |        |       |
| viernes  |        |       |

### SUSANA

|          | mañana | tarde |
|----------|--------|-------|
| lunes    |        |       |
| martes   |        |       |
| miércoles|        |       |
| jueves   |        |       |
| viernes  |        |       |

*Palabras claves*

> llamada telefónica de Inglaterra – no voy a
> estar – aeropuerto – libre – revisar las solicitudes
> de empleo – cita con el dentista – abogado –
> visitar la fábrica – agentes comerciales –
> entrevista puesto de ingeniero

**C  Conexiones**

Relaciona las dos columnas:

| | |
|---|---|
| Quieren reservar | un aperitivo |
| Algunos delegados vienen | reservas |
| Voy a llamar a | unas habitaciones |
| La presentación va a durar | de otras provincias |
| Van a ofrecer | un día |

---

**¡Mira!**

En la recepción *hay* una recepcionista
En la recepción *está* la recepcionista

¿Qué *hay* el lunes?
El lunes usted *tiene* una cita

¿Cuántos años *tienes*?
*Tengo* dieciocho años

---

**D  Completa**

Rellena los espacios en blanco con la forma correcta de los verbos *estar*, *tener* o *hay*.

1 En Sevilla ................. una empresa que refina aceites.

2 El hotel ................. tres salas de conferencias.

3 Los teléfonos ................. en la mesa.

4 La refinería de Clarasol ................. en Sevilla.

5 El señor Galán ................. cuarenta y seis años.

6 En la oficina de Carmen ................. tres archivadores.

7 En España ................. muchas fábricas de conservas.

8 Mañana yo ................. una cita con la directora de Pescacosa.

9 Las principales fábricas de conservas ................. en Galicia.

10 ¿Dónde ................. un banco?

# Diálogo 3

El horario.

  Estudia estas frases antes de escuchar el diálogo en el casete.

| | |
|---|---|
| hasta | *until* |
| después | *after* |
| antes | *before* |

| | |
|---|---|
| Si tenemos en cuenta | *If we take into account* |
| a propósito | *by the way* |
| entre | *between* |
| ¿A qué hora? | *What time?* |
| a las nueve | *at nine* |
| Depende | *It depends* |
| Es decir . . . | *That is to say . . .* |

| | |
|---|---|
| *Pilar Vázquez:* | Hasta el día 15 no hay problema, pero después vamos a tener una convención de representantes de productos de belleza. Entonces, ¿a qué hora quieren comenzar? |
| *José Manuel Galán:* | A las nueve. |
| *Carmen Bravo:* | Y ¿por qué no tener un desayuno antes? Así vamos a estar seguros de que todos van a estar en la sala a las nueve. |
| *José Manuel Galán:* | Sí esa idea no está nada mal. Así aseguramos la puntualidad. |
| *Pilar Vázquez:* | Sobre todo si tenemos en cuenta que algunas personas van a dormir en el hotel. |
| *José Manuel Galán:* | ¡A propósito! ¿A qué hora ofrecemos el aperitivo de bienvenida? |
| *Pilar Vázquez:* | Pienso que a las ocho y media de la tarde. Claro que depende de si los delegados que vienen de fuera están aquí. |
| *José Manuel Galán:* | Sí, sí, entre las cinco y las siete todos van a estar en la ciudad. . . . Es decir, si los aviones y los trenes son puntuales . . . |
| *Carmen Bravo:* | O no hay huelgas . . . |

## Actividades

A **Responde**

1 ¿Pueden celebrar la presentación después del día 15?

2 ¿Por qué?

3 ¿A qué hora quieren comenzar?

4 ¿Van a tener un desayuno antes?

5 ¿Por qué?

6 ¿A qué hora van a tener el aperitivo de bienvenida?

7 ¿A qué hora van a estar los delegados en la ciudad?

8 ¿Todos los delegados vienen en coche?

**¡Mira!**

Son las tres    Son las diez    Son las cuatro y media    Son las siete y media

Son las doce y cuarto    Son las seis y cuarto    Son las cinco menos cuarto    Son las dos menos cuarto

Es la una    Es la una y media    Es la una y cuarto    Es la una menos cuarto

¿Qué hora es?
Son las doce y veinte.

¿Qué hora es?
Son las cinco menos diez.

## B   Practica

Mira los relojes y pregunta la hora a tu compañero.

 a

 b

 c

 d

 e

 f

 g

 h

## C   A ver

**MADRID (CHAMARTIN) ➤ BOBADILLA**

|   | Circ. | Ord. | Salida | Llegada | Circula | Supl. | Clases | Prestac. | Notas |
|---|-------|------|--------|---------|---------|-------|--------|----------|-------|
| ☆ | 11942 | 11942 | 2.20 | 9.17 | XV | | 2ª ⏤ ⚓ | ✕ | 28 |
| ☆ | 942 | 942 | 2.20 | 9.17 | MJS | | 1ª 2ª ⏤ ⚓ | ✕ | 32 |
| D | 11512 | 512 | 10.30 | 17.50 | O | | 1ª 2ª | ✕ ♫ ↩ | 30 |
| TP | 140 | 140 | 14.30 | 20.21 | O | Ⓐ | 1ª 2ª | ✕ ♫ ▭ | 27 |
| ☆ | 344 | 344 | 21.00 | 4.35 | O | | 1ª 2ª ⏤ ⚓ ✈ | ▯ | 17 |
| ☆ | 844 | 844 | 21.30 | 6.05 | O | | 1ª 2ª ⏤ | ▯ | |
| TC | 840 | 840 | 22.45 | 6.41 | O | | ⚓ ⚓ | ✕ | 31 |

**MADRID (CHAMARTIN) ➤ BOURDEAUX**

|   | Circ. | Ord. | Salida | Llegada | Circula | Supl. | Clases | Prestac. | Notas |
|---|-------|------|--------|---------|---------|-------|--------|----------|-------|
| ☆ | 301 | 301 | 18.15 | 5.56 | O | Ⓖ | 2ª ⏤ | ✕ | 113 |
| TC | 407 | 407 | 19.35 | 3.55 | O | Ⓢ | ⚓ ⚓ | ✕ ♫ | |

**MADRID (ATOCHA) ➤ BURGOS**

|   | Circ. | Ord. | Salida | Llegada | Circula | Supl. | Clases | Prestac. | Notas |
|---|-------|------|--------|---------|---------|-------|--------|----------|-------|
| RE | 2163 | | 13.49 | 18.15 | O | | 1ª 2ª | | |

**MADRID (CHAMARTIN) ➤ BURGOS**

|   | Circ. | Ord. | Salida | Llegada | Circula | Supl. | Clases | Prestac. | Notas |
|---|-------|------|--------|---------|---------|-------|--------|----------|-------|
| ☆ | 943 | 943 | 2.00 | 5.15 | LXV | | 1ª 2ª ⏤ ⚓ | ✕ | 29 |
| ▰ | 203 | 203 | 8.00 | 11.36 | O | Ⓑ Ⓖ | 1ª 2ª | ▯ ♫ ▭ | |
| I | 5161 | | 10.40 | 14.33 | Ⓐ | | 2ª | | |
| I | 5163 | | 10.40 | 14.48 | Ⓒ | | 2ª | | |
| RE | 2163 | | 14.08 | 18.15 | O | | 1ª 2ª | | |
| T | 201 | 201 | 15.30 | 18.33 | O | Ⓐ Ⓖ | 1ª 2ª | ▯ ♫ ▭ | |
| ☆ | 301 | 301 | 18.15 | 21.46 | O | | 2ª | ▯ | 112 |
| ☆ | 205 | 205 | 22.40 | 3.25 | O | | 2ª ⏤ ⚓ ✈ | | |
| ☆ | 803 | 803 | 23.40 | 4.44 | O | | 2ª ⏤ ⚓ ✈ | | 53 |

**MADRID (ATOCHA) ➤ CACERES**

|   | Circ. | Ord. | Salida | Llegada | Circula | Supl. | Clases | Prestac. | Notas |
|---|-------|------|--------|---------|---------|-------|--------|----------|-------|
| RE | 2000 | 2000 | 9.05 | 13.42 | O | Ⓖ | 1ª 2ª | | 45 |
| I | 32032 | | 11.00 | 16.01 | O | | 2ª | | |
| T | 30030 | 30 | 14.05 | 17.34 | O | Ⓑ | 1ª 2ª | ✕ ♫ ▭ | 76 |
| T | 30190 | 190 | 15.50 | 19.26 | O | Ⓑ | 1ª 2ª | ▯ ♫ ▭ | 63 |
| I | 35024 | 35024 | 16.35 | 22.05 | V | Ⓖ | 1ª 2ª | | 34 |
| D | 543 | 543 | 17.40 | 22.35 | O | | 1ª 2ª | ▰ ♫ ↩ | 65 |

**MADRID (CHAMARTIN) ➤ CACERES**

|   | Circ. | Ord. | Salida | Llegada | Circula | Supl. | Clases | Prestac. | Notas |
|---|-------|------|--------|---------|---------|-------|--------|----------|-------|
| T | 30030 | 30 | 13.50 | 17.34 | O | Ⓑ | 1ª 2ª | ✕ ♫ ▭ | 76 |
| T | 30190 | 190 | 15.35 | 19.26 | O | Ⓑ | 1ª 2ª | ▯ ♫ ▭ | 63 |
| D | 543 | 543 | 17.10 | 22.35 | O | | 1ª 2ª | ▰ ♫ ↩ | 65 |
| ☆ | 332 | 332 | 23.00 | 3.41 | O | | 1ª 2ª ⏤ ⚓ | ▰ | 77 |

**MADRID (ATOCHA) ➤ CADIZ**

|   | Circ. | Ord. | Salida | Llegada | Circula | Supl. | Clases | Prestac. | Notas |
|---|-------|------|--------|---------|---------|-------|--------|----------|-------|
| D | 512 | 512 | 10.42 | 19.40 | O | | 1ª 2ª | ✕ ♫ ↩ | |
| TP | 110 | 110 | 15.12 | 22.46 | O | Ⓐ | 1ª 2ª | ✕ ♫ ▭ | |

**MADRID (CHAMARTIN) ➤ CADIZ**

|   | Circ. | Ord. | Salida | Llegada | Circula | Supl. | Clases | Prestac. | Notas |
|---|-------|------|--------|---------|---------|-------|--------|----------|-------|
| D | 512 | 512 | 10.30 | 19.40 | O | | 1ª 2ª | ✕ ♫ ↩ | |
| TP | 110 | 110 | 15.00 | 22.46 | O | Ⓐ | 1ª 2ª | ✕ ♫ ▭ | |
| ☆ | 810 | 810 | 22.15 | 9.00 | O | | 1ª 2ª ⏤ ⚓ ✈ | ✕ ⚓ ⚓ | 33 |

Mira la página de la guía de trenes y contesta las siguientes preguntas:

1 ¿A qué hora sale el tren de Madrid (Atocha) a Burgos?

2 ¿A qué hora llega a Cáceres el tren que sale de Madrid (Chamartín) a las 17.10?

3 ¿A qué hora hay trenes para Cádiz desde la estación de Atocha en Madrid?

4 ¿A qué hora llegan a Bordeaux los trenes que salen de Madrid?

5 ¿A qué hora sale de la estación de Chamartín el primer tren para Bobadilla?

Ahora con un compañero pregunta sobre la salida y llegada de trenes.

**D Practica**

Mira la nota que tiene Antonio de su programa para el día.

9.00 Ir a Hacienda.
10.30 Presentar Número de Identificación Fiscal en el Banco de Galicia
11.15 Cobrar cheque en el Banco Exterior.
11.25 Comprar Bonos del Tesoro.
11.45 Llamar al mensajero para enviar carta urgente.
12.10 Revisar facturas de proveedores
1.30 Almorzar con Begoña en el Club de Campo
2.35 Firmar cartas.
3.05 Pagar póliza de seguro.
3.55 Estudiar proyectos de publicidad.
4.45 Enviar giro postal a Luis.

Ahora pregunta a tú compañero: ¿A qué hora . . . ?

Ejemplo: Ir a Hacienda
○ ¿A qué hora va a ir Antonio a Hacienda?
● Va a ir a las 9

Continúa con el resto del día.

## Diálogo 4

¿Usted qué cree?

 Estudia estas frases antes de escuchar el diálogo en el casete.

| | |
|---|---|
| Vale | *Fine, OK* |
| ¿Me disculpan un momento? | *Would you excuse me a moment?* |
| Vuelvo enseguida | *I'll be back right away* |
| ¡Qué va! | *Of course not!* |
| El que ofrece . . . | *The one which offers . . .* |

| | |
|---|---|
| *Pilar Vázquez:* | (*Suena el teléfono*) ¿Dígame? . . . Bueno en este momento estoy con unos clientes . . . Vale, vale, ya voy. ¿Me disculpan un momento? Hay un pequeño problema, vuelvo enseguida. |
| *José Manuel Galán:* | Claro, por supuesto. (*Pilar sale*). Es un hotel muy nuevo ¿no? |
| *Carmen Bravo:* | Sí, es verdad. Pero muy elegante. |
| *José Manuel Galán:* | Sí, no está mal . . . |
| *Carmen Bravo:* | ¿Hay algún problema? |
| *José Manuel Galán:* | No . . . Bueno . . . ¿Usted cree que tienen suficiente experiencia? ¿Que no vamos a tener problemas? |
| *Carmen Bravo:* | ¡Qué va! Además todavía tenemos que ver el hotel y qué nos ofrecen. |
| *José Manuel Galán:* | Sí, tiene razón. |
| *Carmen Bravo:* | Y el jueves tenemos otra cita para ver el Hotel Don Pedro, así vamos a elegir el que ofrece las mejores condiciones. |
| *José Manuel Galán:* | Sí claro. Pero Carmen, no puede ser el jueves porque el jueves tengo cita con los abogados. |
| *Carmen Bravo:* | Yo creo que no. Pero voy a ver en la agenda. No, no, la cita con los abogados es el viernes. |

**Actividades** _____

A **Responde**

1 ¿Por qué sale Pilar del despacho?

2 ¿Qué dos características tiene el hotel, según Carmen Bravo y José Manuel Galán?

3 ¿Qué pregunta el señor Galán a Carmen Bravo?

4 ¿Cuándo van a ver el Hotel Don Pedro?

5 ¿Cuándo va a tener la cita con los abogados?

B **Practica**

Coloca en la agenda los compromisos que tienes en la semana. Deja un día libre.

| MARZO | MARZO |
|---|---|
| lunes 13 | viernes 17 |
| martes 14 | sábado 18 |
| miércoles 15 | domingo 19 |
| jueves 16 | |

Ahora, en parejas, trata de averiguar qué día tiene libre tu compañero.
Mira el ejemplo:  ○ ¿Estás libre el martes 14?
● No, voy a tener una cita con el abogado.

C **Y ahora ...**

Pregunta a otros compañeros de la clase para ver quién tiene el mismo día libre que tú.

¡Mira!

Sencillo    Sencilla
Sencillos  Sencillas

Sencillo    Un aperitivo sencillo
Sencilla    Una calculadora sencilla
Sencillos  Los objetivos son sencillos
Sencillas  Las salas son sencillas

**D  Completa**

Completa las siguientes frases con la forma adecuada del adjetivo entre paréntesis. Mira el ejemplo.

Ejemplo:  La fotocopiadora que está en la oficina es moderna.  (*moderno*)

1  El contrato es ................  (*bueno*)

2  Carcasa es una fábrica ................  (*nuevo*)

3  El metro es un medio de transporte ................  (*rápido*)

4  El presupuesto no es ................  (*caro*)

5  La secretaria es ................  (*simpático*)

6  La renta familiar en Galicia es ................  (*bajo*)

7  El precio es ................  (*barato*)

8  Es una máquina ................  (*estupendo*)

**E  ¿Qué crees?**

Utiliza las siguientes frases para dar tu opinión. Mira el ejemplo.

Sí, es verdad    ¿Tú crees?
Sí, tienes razón    ¡Que va!
Sí, quizás sí    Yo creo que no/sí

Ejemplo:  ○ España es un país muy rico.
         ● Yo creo que no.

1  El Skoda es un coche muy bueno.

2  Los hombres de negocios trabajan mucho.

3  España es miembro del Mercado Común.

4  Alemania es la primera potencia industrial de Europa.

5  La Ford es una compañía china.

6  Carmen Bravo es una buena secretaria.

7  Los transportes en España son buenos.

8  El turismo es una gran industria en España.

9  La línea aérea de España se llama Ibérica.

10  La reunión de Clarasol es para 300 personas.

● ● ● ● ● ● ● ● ● ● ● ● ● ● ● ● ● ● ● ● ● ● ● ● ● ● ● ● ● ● ● ● ● ● ● ● ● ● ● ● ● ● ●

# *Algo de España*

## Fiestas en España _____

| | |
|---|---|
| Uno de enero | Cinco de mayo |
| Dos de febrero | Seis de junio |
| Tres de marzo | Siete de julio |
| Cuatro de abril | San Fermín |

- En España hay muchas fiestas durante el año. Una de estas fiestas es el día de San Fermín que se celebra el 7 de julio en Pamplona que está en el Norte de España. Otras fiestas regionales importantes son las Fallas de Valencia que se celebran el 19 de marzo, la Feria de Sevilla en abril y el día de San Jorge en Cataluña el 23 de abril.
- Además hay otros días que son fiestas nacionales. Es importante saber cuáles son los días festivos porque en esos días la gente no trabaja y las oficinas, las tiendas y los bancos están cerrados. Las fiestas nacionales son:

| | |
|---|---|
| 1 de enero | Año Nuevo |
| 6 de enero | Día de Reyes (Epifanía) |
| 19 de marzo | Día de San José |
| 1 de mayo | Día del Trabajo |
| 25 de julio | Santiago Apóstol |
| 15 de agosto | La Asunción |
| 12 de octubre | Día de la Hispanidad |
| 6 de diciembre | Día de la Constitución |
| 25 de diciembre | Día de Navidad |

- Existen también dos días festivos movibles: Viernes Santo y Lunes de Pascua.

- Algunas veces, si los días festivos son el martes o el viernes, la gente 'hace puente'. Por ejemplo, no trabaja el lunes que está entre el domingo y el martes festivo y tienen un fin de semana largo.
- Muchas personas toman sus vacaciones durante el mes de agosto y por eso en muchas fábricas y oficinas apenas hay personal durante este mes.

## Sopa de letras

Busca los días festivos entre todas estas letras. Pueden estar en horizontal, vertical y diagonal. ¡Ojo! También pueden estar al revés.
Tienes uno (Año Nuevo).

```
D X E Z P Q M O L E U N E B D I A B O Ñ
O I S O I U I P I B D F H R O S T E R D
J S A N T I A G O A P O S T O L O U I I
A C I D Ñ O U N E S O M Y E D U I A C A
B A V I E R N E S S A N T O U N D Y T D
A Z H J S L A P E Ñ A G R A N E O L A E
R O P Q E S A B O B D E M I L S U I E N
T A L C U A L C O M O S I A T D A M O A
L Ñ O A R O S A O R U A H O T E L G I V
E L L O A C E U I N V I R S O P E R U I
D I A D E S A N J O S E M O V A R I O D
A L A S L I U Ñ O P O T E M A S O N V A
I R A D O L D N A V A R I S O C A E O D
D I A D E A O N C A R I O T A U N O S E
E L L A S N I S U I T A D P U A B S A L
L O S D I D E A Ñ O O S O N A C A R A S
A L R O A L D O M I S N O R G U I L U P
S E B D I A D E R E Y E S V I Z Y O F I
C A N D E L A S V S O V E U N O Ñ A N G
```

• • • • • • • • • • • • • • • • • • • • • • • • • • • • • • • • • • • • • • • • • • •

## Action checklist

*Before going on to Stage 4 make sure you can:*

- *ask and tell the time*
  ¿Qué hora es?
  Son las once y media
- *say the days of the week and months of the year*
  ¿Cuándo vas a venir?   El sábado

- *express a future idea*
  En agosto voy a ir de vacaciones a Las Palmas
- *correct or confirm information*
  · Los San Fermines son en julio, ¿verdad?
  Creo que sí

# Una vuelta por el hotel

*In Stage 4, you will learn to:*
- describe location
- express obligation, needs and requirements

## ¿Entiendes?

### HOTEL EL PARQUE

Hotel de 4 estrellas * Localizado en un magnífico paisaje natural * Entre el aeropuerto y la ciudad * Un lugar ideal para celebrar conferencias o simplemente descansar * Instalaciones deportivas * Piscina * Cambio de moneda * Servicio médico * Salón de belleza * Todas las habitaciones tienen teléfono, TV y calefacción * Discoteca y mini-casino * Servicio de mini-bus entre el hotel y el aeropuerto y la ciudad

### HOTEL RESIDENCIA PLAYA AZUL

Ambiente familiar y un trato personalizado +En primera línea de playa + Vistas al mar + 15 minutos del centro de la ciudad + Habitaciones con teléfono, baño privado y televisión

## HOTEL LA PAZ

Hotel de 3 estrellas – En el centro de la ciudad – 100 habitaciones – Cerca de la estación – Garaje – Aire acondicionado en todas las habitaciones – A 10 minutos del puerto – Cafetería – Salones para convenciones – Música ambiental en todas las habitaciones – Discoteca

**1** ¿Dónde está el Hotel La Paz?

**2** ¿Cuántas estrellas tiene el Hotel El Parque?

**3** ¿En qué hotel puedes jugar al tenis?

**4** ¿Qué hotel está cerca de la estación?

**5** ¿Dónde puedes cambiar dinero?

**6** ¿En qué hotel puedes ir a la playa?

**7** ¿Qué hotel está entre el aeropuerto y la ciudad?

**8** ¿A qué distancia está el Hotel La Paz del puerto?

**9** ¿Todos los hoteles tienen teléfono en las habitaciones?

**10** ¿Está el Hotel Residencia Playa Azul en la ciudad?

- Un amigo quiere ir de vacaciones a la playa con la familia. ¿Qué hotel le recomiendas? ¿Por qué?
- Quieres descansar un par de días durante un viaje de negocios. ¿Qué hotel eliges? ¿Por qué?
- Un amigo viene de Inglaterra en barco y quiere ver la ciudad antes de ir a tu casa que está en el campo. ¿En qué hotel os alojais? ¿Por qué?
- Tu jefe quiere celebrar una reunión privada con unos clientes muy importantes durante dos o tres días. ¿Qué hotel le recomiendas? ¿Por qué?

# Diálogo 1

Pilar enseña el hotel a Carmen y a José Manuel Galán.

 Estudia estas frases antes de escuchar el diálogo en el casete.

| | |
|---|---|
| Vamos a dar una vuelta | *Let's go round* |
| ya que | *because* |
| la mayoría | *most of* |
| No se preocupe(n) | *Don't worry* |
| previamente | *previously* |
| Lástima | *What a pity* |

| | |
|---|---|
| *Pilar Vázquez:* | Vamos a dar una vuelta por el hotel, así pueden ver las instalaciones que tenemos y los servicios que ofrecemos. |
| *José Manuel Galán:* | Algo muy importante es el aparcamiento, ya que la mayoría de los asistentes vienen con su coche particular. |
| *Pilar Vázquez:* | Tenemos un amplio aparcamiento cubierto. |
| *Carmen Bravo:* | Y ¿dónde está el aparcamiento? |
| *Pilar Vázquez:* | Está a la izquierda del hotel. |
| *José Manuel Galán:* | Necesitamos estar seguros de, por lo menos, quince puestos. |
| *Pilar Vázquez:* | No se preocupen, si ustedes deciden celebrar la presentación aquí, el hotel tiene la obligación de reservar las plazas de aparcamiento solicitadas por ustedes previamente. Y aquí a la derecha, como pueden ver, tenemos una piscina y dos canchas de tenis. |
| *Carmen Bravo:* | ¡No creo que van a tener mucho tiempo libre! |
| *Pilar Vázquez:* | Lástima, porque debajo, en el nivel inferior, tenemos un amplio gimnasio, solarium y sauna. |

## Actividades

### A  Responde

**1** ¿Dónde está el aparcamiento del hotel?

**2** ¿Por qué es importante el aparcamiento?

**3** ¿Cuántos puestos van a necesitar?

**4** ¿Dónde están las canchas de tenis?

**5** ¿Qué hay en el nivel inferior?

**B**   **Juan tiene mucho trabajo**

Juan tiene 23 años, trabaja en una oficina y por las noches estudia Ciencias Económicas en la Universidad y como duerme muy pocas horas siempre tiene sueño. La pensión donde vive es muy húmeda y vieja, así en invierno tiene mucho frío y en verano mucho calor.

Juan casi siempre tiene hambre porque tiene poco dinero. A menudo tiene dolor de cabeza, por exceso de trabajo y por todo eso, también tiene miedo de perder su empleo. Y tiene razón.

Relaciona las dos columnas:

| | |
|---|---|
| Juan tiene hambre | por todas esas razones |
| Tiene dolor de cabeza | porque la pensión es muy húmeda |
| Tiene miedo de perder su empleo | porque trabaja mucho |
| Tiene | porque duerme muy pocas horas |
| En invierno siempre tiene frío | porque tiene poco dinero |
| Tiene sueño | 23 años |

1 La mesa de trabajo
2 La silla regulable
3 El teléfono
4 La carpeta
5 La calculadora
6 La lámpara de mesa
7 La papelera
8 La mesa auxiliar
9 El ordenador
10 La impresora
11 Los cajones
12 La fotocopiadora
13 El sillón
14 La mesita
15 El fichero
16 Las fichas
17 El calendario

**C   ¿Dónde está?**

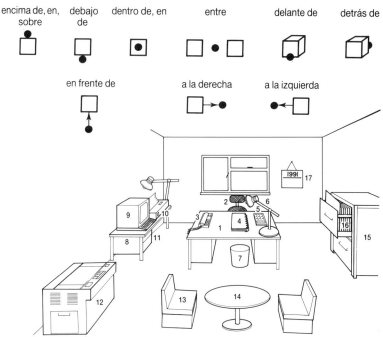

Ahora mira el dibujo y pregunta a un compañero. Mira el ejemplo.

Ejemplo:  ○¿Dónde está la silla regulable?
              ● Está detrás de la mesa

**D   Completa**

Completa con *hay* o la forma correcta del verbo *tener*.

1 En la oficina ................ tres ordenadores.

2 La empresa ................ sucursales por toda España.

3 Para hablar por teléfono con España desde Inglaterra
   ................ que marcar el prefijo 34.

4 La compañía ................ un capital de 5.000 millones de
   pesetas.

5 ¿Qué ................ en el cajón?

6 En la calle Colón ................ cinco bancos.

7 ................ bancos españoles que ................ sucursales en
   Londres.

**E   Completa**

Completa las siguientes frases con la forma adecuada del
adjetivo entre paréntesis.

Ejemplo:  Las salas de reuniones son pequeñas.   (*pequeño*)

1 La compañía Trucasa tiene ................. empleados.   (*poco*)

2 Las galletas están ................. (*delicioso*)

3 Los apellidos son ................. (*extranjero*)

4 Los productos de Clarasol son muy ................. (*bueno*)

5 El telégrafo y el teléfono no son inventos
................. (*nuevo*)

6 Son unas personas muy ................. (*rico*)

# Diálogo 2

Ahora hablan sobre los diferentes servicios del hotel.

 Estudia estas frases antes de escuchar el diálogo en el casete.

| | |
|---|---|
| planta baja | *ground floor* |
| No solamente . . . sino también | *Not only . . . but also* |
| mostrador de recepción | *reception desk* |

| | |
|---|---|
| *Pilar Vázquez:* | Aquí en la planta baja, que ya conocen, está ubicada la recepción totalmente informatizada. |
| *Carmen Bravo:* | Perfecto, pues tenemos que tener fax. |
| *Pilar Vázquez:* | No solamente tenemos fax sino también télex. |
| *Carmen Bravo:* | ¿Dónde están situados? |
| *Pilar Vázquez:* | Están en las oficinas detrás del mostrador de recepción. |
| *José Manuel Galán:* | ¿Con qué otros servicios cuentan? |
| *Pilar Vázquez:* | En esta planta hay un salón de televisión con pantalla gigante que recibe no solamente los canales nacionales sino también televisión vía satélite y, por supuesto, tenemos vídeo. |
| | Además ofrecemos servicio de secretarias y podemos |

proporcionar traductores e intérpretes. Al lado de este salón hay otro de lectura con música ambiental.

*José Manuel Galán:* Y ¿dónde están los salones de reuniones de negocios?

*Pilar Vázquez:* Están arriba. ¿Vamos a verlos?

*José Manuel Galán:* ¡Vamos!

## Actividades

### A   Responde

1 ¿En qué planta está la recepción?

2 ¿Tienen solamente fax?

3 ¿Dónde están el fax y el télex?

4 ¿El televisor con pantalla gigante está en el primer piso?

5 ¿Qué otros servicios ofrece el hotel?

6 ¿Dónde está el salón de lectura?

7 ¿Dónde están los salones de conferencias?

### B   Practica

Hay un 'virus' en el ordenador de la secretaria del señor González. Están las respuestas de una entrevista de trabajo, pero no las preguntas. ¿Puedes ayudar a la secretaria a encontrar las preguntas? Ella tiene estas respuestas:

1. ......................................................................
   Me llamo Constantino Varela.

2. ......................................................................
   Vivo en la calle Rosalía de Castro, número 37.

3. ......................................................................
   Tengo 35 años.

4. ......................................................................
   Actualmente trabajo en Cenagasa.

5. ......................................................................
   Soy coordinador de personal.

6. ......................................................................
   Tengo el título de economista.

7. ......................................................................
   Hablo inglés y francés.

8. ......................................................................
   Quiero ganar 3,500,000 de pesetas.

**C   Conexiones**

Forma frases escogiendo un elemento de cada columna.

El    fotocopiadora    son    al final del pasillo
Las   director          están  muy prácticas
Los   sillas regulables está  a ir a la reunión
La    ordenadores       va    estropeados

---

**¡Mira!**

La pantalla  ⎫
El edificio  ⎬  es gigante

Las pantallas  ⎫
Los edificios  ⎬  son gigantes

---

**D   Completa**

Completa las siguientes frases con la forma adecuada del adjetivo entre paréntesis.

Ejemplo:  El aparcamiento es grande.   (*grande*)

**1** El Corte Inglés es una sociedad ................. (*importante*)

**2** La secretaria es ................. (*inteligente*)

**3** Los productos agrícolas son ................. (*importante*)

**4** Son unos países ................. (*pobre*)

**5** La focopiadora KAN-KEROX 2.078 es ................. (*excelente*)

**6** Las ideas de Pilar son ................. (*interesante*)

# Diálogo 3

Pilar les muestra ahora los diferentes salones, comedores y restaurantes.

Estudia estas frases antes de escuchar el diálogo en el casete.

| | |
|---|---|
| Quiero mostrarles . . . | *I want to show you . . .* |
| ¡Qué vista tan hermosa! | *What a beautiful view!* |
| desde aquí | *from here* |
| idóneo | *ideal* |
| demasiado grande | *too big* |
| Caben hasta . . . | *It has capacity for up to . . .* |
| pues | *because* |
| el mejor de todos | *the best* |
| tan grande | *so big* |
| amplia y soleada | *large and sunny* |

| Pilar Vázquez: | Antes de ver la sala de conferencias Vigo, quiero mostrarles el restaurante Ría de Vigo que es idóneo para fiestas privadas y cenas. |
| --- | --- |
| Carmen Bravo: | ¡Qué vista tan hermosa de la bahía! |
| Pilar Vázquez: | Desde aquí pueden ver los jardines, y creo que es el adecuado para la recepción de bienvenida, pues el Gran Salón Galicia, el mejor de todos, es demasiado grande. Es éste, aquí enfrente. |
| Carmen Bravo: | ¿Para cuántas personas es? |
| Pilar Vázquez: | Caben hasta seiscientas personas. |
| Carmen Bravo: | Realmente no necesitamos algo tan grande. |
| Pilar Vázquez: | Y finalmente allí al fondo, está la cafetería que cuenta con una amplia y soleada terraza. |

## Actividades

### A Responde

1 ¿Qué quiere Pilar mostrar a Carmen Bravo y José Manuel Galán, antes de ver la sala de conferencias Vigo?

2 ¿Para qué es ideal el restaurante Ría de Vigo?

3 ¿Qué pueden ver desde el restaurante Ría de Vigo?

4 ¿Por qué el Gran Salón Galicia no es adecuado para la recepción de bienvenida?

5 ¿Cuántas personas caben en el Gran Salón Galicia?

6 ¿Dónde está la cafetería y qué tiene?

### B ¿Dónde está?

Lee con atención las pistas y coloca en cada planta los diferentes departamentos.

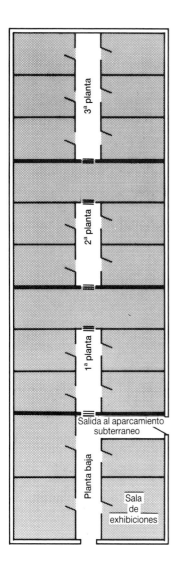

1 El Departamento de Personal y el Departamento de Márketing están en la misma planta que la Sala de Juntas.

2 La cafetería está en la planta que está encima de la Sala de Juntas, en frente del servicio de señoras.

3 En la planta que está debajo del despacho del Director Comercial, están la Sala de Exhibiciones y la Papelería.

4 Contabilidad está entre la Sala de Computación y el Departamento de Ventas.

5 La cafetería está detrás de la Administración.

6 El servicio de caballeros está en frente de la Administración.

7 El servicio de señoras está en la última planta, al fondo a la derecha.

8 El despacho del Director Comercial está al fondo a la derecha.

9 El despacho del Director de Personal está en la segunda planta a la izquierda.

10 El Departamento de Exportación e Importación está en la planta debajo de los servicios de caballeros.

11 El Departamento de Márketing está en frente del despacho del Director de Personal.

12 El servicio de señoras está en la tercera planta detrás del servicio de caballeros.

13 La cafetería también está en la tercera planta.

14 El Departamento de Traducción está antes del despacho del Director Comercial y debajo de la planta donde está el despacho del Director de Personal.

15 El Almacén y la Recepción están en la misma planta.

16 El Departamento de Exportación e Importación está entre la Sala de Juntas y el Departamento de Márketing.

17 El Departamento de Personal está después del despacho del Director de Personal.

18 Exactamente debajo de la oficina del Director de Presupuestos está el despacho del Director de Personal.

19 El Departamento de Ventas está en la primera planta al fondo.

20 El Departamento de Traducción está en la primera planta a la derecha.

21 La Sala de Computación está en frente del Departamento de Traducción.

**22** En la última planta a la izquierda está la oficina del Director de Presupuestos.

**23** La Recepción está en frente de la Sala de Exhibiciones.

**24** La Papelería está antes de la salida al aparcamiento subterráneo, a la derecha.

**25** Exactamente encima del Departamento de Márketing está el despacho del Director General.

---

**¡Mira!**

| Juan | | |
|------|--|--|
| Ella | } | es joven |
| Ellos | | |
| Ellas | } | son jóvenes |

---

**3** **C** **Completa**

Completa las siguientes frases con la forma adecuada del adjetivo entre paréntesis.

**1** La zona ................ está en el sur de la ciudad.   (*industrial*)

**2** Las oficinas ................ están en Sevilla.   (*principal*)

**3** Las lecciones son ................   (*fácil*)

**4** El valle del Guadalquivir es ................   (*fértil*)

**5** La televisión es un medio de comunicación muy ................   (*popular*)

**6** Los intentos de la compañía para aumentar la producción son ................   (*inútil*)

---

## Diálogo 4

José Manuel Galán y Carmen Bravo explican a Pilar Vázquez el equipo técnico que necesitan.

Estudia estas frases antes de escuchar el diálogo en el casete.

| | |
|--|--|
| se encuentran | *are found* |
| a poder ser | *if possible* |
| Deben verse las caras | *They should be facing each other* |
| A la conveniencia del cliente | *For the convenience of the client* |
| Incluso ofrecemos . . . | *We even offer . . .* |
| Tiene por costumbre . . . | *It has as a norm . . .* |
| un problema menos | *one less problem* |

| Pilar Vázquez: | Vamos ahora a la primera planta, donde se encuentran los salones Atlántico, Barcelona y Vigo, aptos para reuniones de negocios, consejos de administración etc. En esta planta se encuentran también las oficinas generales.<br>Y ésta es la sala Vigo. |
|---|---|
| José Manuel Galán: | Hum . . . Bien, vamos a ver Carmen, ¿qué equipo técnico necesitamos? |
| Carmen Bravo: | Necesitamos un vídeo, a poder ser con pantalla gigante, y micrófonos. También tenemos que tener un proyector de diapositivas, un encerado con rotuladores y un retroproyector. |
| Pilar Vázquez: | De acuerdo. |
| José Manuel Galán: | ¿Y en cuanto a la distribución del espacio? |
| Pilar Vázquez: | Hay que pensar en que todos los asistentes deben verse las caras, así que las distribución de las mesas en forma de U es la ideal. |
| José Manuel Galán: | Bien. Pero quiero estar seguro de que la pantalla del vídeo va a ser gigante, y el encerado grande. |
| Pilar Vázquez: | No se preocupe, todo se dispone a la conveniencia del cliente. Incluso ofrecemos servicio de papelería. |
| José Manuel Galán: | ¿Ah sí? |
| Pilar Vázquez: | El hotel tiene por costumbre, en caso de convenciones y congresos, ofrecer unas carpetas con el logotipo del hotel y la compañía en cuestión. |
| José Manuel Galán: | Estupendo. Un problema menos Carmen, ya no tiene que preocuparse de libretas, bolígrafos y todas esas cosas. |

## Actividades

### A Responde

1 ¿En qué planta están los tres salones de conferencias?

2 ¿Dónde están las oficinas generales del hotel?

3 ¿Qué equipo técnico necesita la compañía Clarasol?

4 ¿Por qué la distribución de las mesas debe ser en forma de U?

5 ¿De qué quiere estar seguro José Manuel Galán?

6 ¿Qué tiene por costumbre el hotel?

### B Completa

Usa la expresión *tener que* en las siguientes frases. Coloca el verbo en la forma correcta.

Ejemplo: *Tengo que* archivar estos informes.

1 Carmen no ................. preocuparse de las libretas.

2 Juan, tú y yo ................. hablar sobre los nuevos contratos

3 María, ¿vienes a tomar un café?
No, lo siento. ................. terminar estos informes.

4 ¿A dónde van los jefes de departamento?
................. asistir a una reunión con el director regional.

5 La secretaria del señor Pacheco ................. escribir las cartas en inglés.

6 El personal ................. estar en la oficina a las ocho.

7 Perdón señor García, ¿puedo tener la tarde libre mañana?
¿Por qué?
................. ir al médico.

8 Julia y yo ................. visitar a un cliente.

9 Yo ................. cambiar dinero en el banco.

10 La compañía ................. pagar los impuestos.

### C Conexiones

Don Federico Andrade, director de CERSA, no va a estar en la oficina hoy, pero hay mucho trabajo, así que deja estas tres listas:

| | | |
|---|---|---|
| El archivador | firmar | Félix y el auditor |
| Los embalajes | elaborar | los consejeros |
| El informe económico | redactar | los transportistas |
| Los miembros del Consejo de Administración | tener | la secretria |
| El acta | ordenar | el contable |

La orden del día    convocar   el secretario
La factura de compra   llevar    el Director General

¿Puedes organizar el trabajo? Usa la expresión *tener que*.

Ejemplo: La secretaria tiene que ordenar el archivador.

---

**¡Mira!**

Es un producto bueno
 = Es un buen producto
Son unos productos buenos
 = Son unos buenos productos

---

 **D** **Completa**

Completa las siguientes frases con la forma adecuada del adjetivo entre paréntesis.

1 Las oficinas del director están en el ................ (*tercero*)

2 El Hotel Europa es ................ (*bueno*)

3 El fundador de la compañía es un ................ hombre. (*grande*)

4 La quiebra del banco es un ................ asunto. (*malo*)

5 La sala de computación está en el ................ piso. (*primero*)

6 La fusión de las dos compañías es una ................ idea. (*grande*)

7 Creo que el nuevo logotipo de la empresa es ................ (*malo*)

8 La compañía Clarasol es una compañía muy ................ (*grande*)

9 El despacho del contable es el ................ del pasillo. (*tercero*)

10 Pienso que es un ................ diseño. (*bueno*)

● ● ● ● ● ● ● ● ● ● ● ● ● ● ● ● ● ● ● ● ● ● ● ● ● ● ● ● ● ● ● ● ● ● ● ● ● ● ● ● ●

# *Algo de España*

### ¿Qué horario tienes? ────────

● El horario de trabajo en España es, en general, diferente del resto de Europa. Normalmente, los españoles entran a trabajar a las nueve de la mañana y salen a la una y media de la tarde. A esa hora vuelven a casa para comer y descansar, algunos duermen la siesta. Por la tarde trabajan desde las cuatro hasta las ocho aproximadamente.

- Sin embargo, algunas tiendas por departamentos, no cierran al mediodía y su horario es distinto: estas tiendas abren a las 10 de la mañana y cierran a las nueve de la noche. Los bancos y algunos organismos oficiales tienen, también, un horario diferente. Trabajan desde las ocho de la mañana hasta las tres de la tarde, pero solamente están abiertos al público de nueve a dos.

- ¡Pero en verano todo es un poco distinto! Algunas compañías trabajan desde las ocho y media hasta las tres y media o las cuatro y esto se llama 'Jornada intensiva'.

- Hoy en día, la 'Jornada intensiva' se está imponiendo como sistema de trabajo, a lo largo de todo el año en varias compañías. Una de las razones para este cambio es que España ya es miembro del Mercado Común, y de esta forma es más fácil realizar negocios con el resto de Europa.

## Escribe

Escribe unas líneas sobre el horario de trabajo de tu propio país.

## Action checklist

*Before going on to Stage 5 make sure you can:*

- *say where things are*
  ¿Dónde está la carpeta?
  Está en el cajón de la izquierda

- *express an obligation*
  Tengo que terminar el trabajo hoy

- *find your way around an office building*
  Por favor, ¿dónde están las oficinas de Seguros La Pata?
  Están en el segundo piso al fondo

# Discusiones internas

**5**

*In Stage 5, you will learn to:*

- describe processes
- use ordinal numbers
- say what you are doing
- order a meal
- talk about the weather
- use the impersonal form of verbs

## ¿Entiendes?

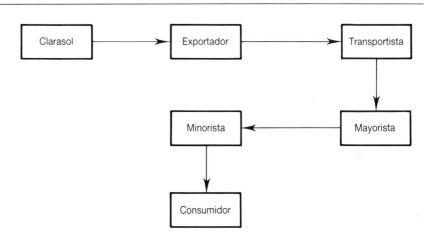

Usa las siguientes palabras para explicar cómo llega la margarina de Clarasol al mercado inglés. No tienes que usarlas todas pero no puedes repetir ninguna.

*Cuando/seguidamente/después/primero/posteriormente/más tarde/ finalmente/entonces*

El importador la recibe y la entrega al mayorista.
Manda el pedido al agente de exportación.
Clarasol recibe la orden de compra de su agente británico.
Llega al consumidor.
El transportista lleva la carga al agente de importación.
El mayorista entrega el pedido al minorista.

Ejemplo:   Primero Clarasol recibe la orden de compra de su agente británico.

## Diálogo 1

José Manuel Galán explica a Pilar Vázquez a que se dedica la compañía Clarasol.

 Estudia estas frases antes de escuchar el diálogo en el casete.

| | |
|---|---|
| Estoy interesada en . . . | *I am interested in . . .* |
| Claro está | *Of course* |
| Por lo que me dice . . . | *From what you say . . .* |
| No sólo . . . sino también . . . | *Not only . . . but also . . .* |

*Pilar Vázquez:*    Ya sé que su compañía se dedica a la refinación de aceites pero estoy interesada en saber qué más hace.

*José Manuel Galán:*    Pues además de refinar aceites vegetales como oliva, soja, girasol, cacahuete y ahora el de pepita de uva, también producimos jabones, glicerinas, harinas para piensos animales y, claro está, margarinas.

*Pilar Vázquez:*    Y ¿la refinería está aquí, en Vigo?

*José Manuel Galán:*    No, está en Sevilla, pero tenemos oficinas, almacenes y plantas de fabricación de botellas de plástico, para envasado de aceites, repartidos por varios puntos de la geografía española.

*Pilar Vázquez:*    ¿Por qué van a celebrar la presentación en Vigo?

*José Manuel Galán:*    La presentación se hace en Vigo, debido a la expansión de la compañía en la venta de aceites refinados a la gran industria conservera de pescados en toda Galicia.

*Pilar Vázquez:*    Supongo que también se hace aquí, porque Vigo posee el puerto pesquero de mayor importancia en España.

| *José Manuel Galán:* | No sólo de España sino de Europa. Finalmente Vigo es un lugar estratégico para la venta al resto de España y la exportación a varios países europeos. |
| --- | --- |
| *Pilar Vázquez:* | Por lo que me dice, Clarasol es una compañía bastante grande . . . |
| *José Manuel Galán:* | Pues sí, empleamos a más de quinientas personas. |

## Actividades

**A Responde**

1 Además de refinar aceites, ¿qué otras cosas hace Clarasol?

2 ¿Está la refinería en Vigo?

3 ¿Por qué es importante Vigo?

4 ¿A cuántas personas emplea la compañía Clarasol?

5 ¿Dónde vende sus productos Clarasol?

**B ¿Que haces?**

Mira el ejemplo y haz lo mismo con tu compañero.

Ejemplo:  Juan y José/las fichas
   ○ ¿Qué hacen Juan y José?
   ● Buscan las fichas.

---

Usa estos verbos

| | |
| --- | --- |
| *retirar* | *ver* |
| *hacer* | *leer* |
| *tener* | *fabricar* |
| *hablar* | *estudiar* |
| *elaborar* | *buscar* |
| *ir* | |

---

1 Ana/el informe

2 Isabel y Tomás/la planta de producción.

3 La secretaria/por teléfono

4 Nosotros/a la reunión de la Junta directiva

5 La compañía Ford/coches

6 Jefe de ventas y el jefe de publicidad/el presupuesto

7 Vosotros/el informe anual de actividades

8 Tú/a la una/entrevista

9 Ellas/dinero/banco

10 Usted/los domingos/nada

**C ¿Dónde está?**

Ana empieza a trabajar hoy como secretaria en Clarasol y como las oficinas de Clarasol ocupan un edificio de diez pisos tiene una fotocopia en la que están señalados los diferentes despachos, departamentos y oficinas. Pero la fotocopia no está muy clara. Escucha el casete y ayuda a Ana a colocar cada sitio en el lugar adecuado. Ya tienes uno.

1 La oficina de Carmen Bravo es la *quinta* (5ª) puerta a la derecha.

2 En la ................ (10ª) planta están los servicios, el bar y el comedor.

3 La recepción está en el ................ (1º) piso.

4 La Administración es la ................ (3ª) puerta a la izquierda.

5 El despacho del señor Galán es la ................ (2ª) puerta a la izquierda.

6 En el ................ (6º) piso está la Sala de Conferencias.

7 En la ................ (7ª) planta está la Sala de Juntas.

8 La Sala de Computación está en el ................ (4º) piso al final del pasillo.

9 La fotocopiadora y los archivos generales están en el ................ (8º) piso.

# Diálogo 2

Pilar, José Manuel Galán y Carmen cambian impresiones sobre el menú.

Estudia estas frases antes de escuchar el diálogo en el casete.

| | |
|---|---|
| Lo que tenemos que hacer es . . . | *What we have to do is . . .* |
| En primer lugar . . . | *In the first place . . .* |
| Es mejor ofrecer . . . | *It is better to offer . . .* |
| Es toda una novedad | *It is something completely new* |
| De eso se encarga nuestro jefe de cocina | *Our chef can take care of that* |
| Lo único . . . | *The only thing . . .* |
| En fin . . . | *Well . . .* |

| | |
|---|---|
| *Pilar Vázquez:* | Y ahora lo que tenemos que hacer es planificar el menú. Entonces, en primer lugar quieren un aperitivo de bienvenida ¿no? |
| *José Manuel Galán:* | Sí, eso es. |
| *Pilar Vázquez:* | ¿Y por qué no ofrecen una cena fría después del aperitivo? |
| *José Manuel Galán:* | Perdón pero no estoy de acuerdo, tengo que pensar en el presupuesto. Creo que es mejor ofrecer una cena de despedida al terminar la presentación. |
| *Pilar Vázquez:* | Bien. Estoy pensando que como su producto representa toda una novedad dentro del mercado español, se pueden hacer tapas especiales. |

| José Manuel Galán: | ¿Qué quiere decir? |
|---|---|
| Pilar Vázquez: | Pues, en vez de ofrecer las típicas tapas, tortilla, quesos, calamares, aceitunas . . . Se puede hacer algo más innovativo, higos con jamón, champiñones con gambas . . . En fin, de eso se encarga nuestro jefe de cocina. |
| José Manuel Galán: | Perfectamente, pero los platos tienen que estar cocinados con el nuevo aceite. |
| Pilar Vázquez: | Entonces lo único que tenemos que tener es una buena provisión de su aceite en nuestra cocina. |
| Carmen Bravo: | De eso me encargo yo. |
| José Manuel Galán: | Si llegamos a un acuerdo . . . |

## Actividades

**A   Responde**

  **1** ¿Qué tienen que hacer ahora?

  **2** ¿Qué van a ofrecer en primer lugar?

  **3** ¿Van a tener una cena fría después del aperitivo? ¿Por qué?

  **4** ¿Cuándo van a tener la cena?

  **5** ¿Cómo tienen que estar cocinados los platos?

  **6** ¿Qué necesitan en la cocina del hotel?

**B    Practica**

---

=Las Barcas=

### ENTRADAS

Entremeses variados
Ensaladilla rusa
Gambas a la plancha
Jamón con melón
Champiñones al ajillo
Sopa del día

### PLATOS PRINCIPALES

#### PESCADOS

Lenguando a la plancha
Merluza a la romana
Bacalao a la vizcaína
Zarzuela de mariscos
Trucha con almendras

#### CARNES

Ternera a la primavera
Escalope con patatas
Chuleta de cerdo con pimientos
Cordero asado
Conejo con cebollas
Pollo con tomate y miel

=Las Barcas=

### GUARNICIONES

Ensalada de tomate y lechuga
Puré de patatas
Vegetales mixtos
Arroz blanco
Patatas fritas

### POSTRES

Helados variados
Flan de la casa
Tarta de almendras y nueces con crema
Macedonia de frutas
Quesos variados
(manchego, tetilla gallega, de Cabrales)

### BEBIDAS

Marqués de Talavera
Banda de Oro
Albariño
Vinos de la casa (blanco/tinto/rosado)
Cerveza embotellada o de barril
Aguas minerales, con o sin gas

---

## ¿Qué va a tomar?

Escucha el diálogo y rellena los huecos, usando el menú.

| | |
|---|---|
| *Carlos:* | Buenos días. ¿................ una mesa libre? |
| *Camarero:* | Sí. ¿Para cuántas .................? |
| *Carlos:* | Para ................. |
| *Camarero:* | Sí, por aquí ............... ................. |
| *Camarero:* | ................ tienen el menú. |
| *Sara:* | Gracias. *(unos minutos después)* |
| *Camarero:* | ¿Qué van a ................? |
| *Sara:* | Para mí, de entrada ............... ............... ................ |
| *Carlos:* | ¿Cuál es la sopa ................ .................? |
| *Camarero:* | Sopa de ................ |

| | |
|---|---|
| *Carlos:* | Bueno, entonces ................. al ajillo. |
| *Camarero:* | Bien. ¿Y de segundo? |
| *Sara:* | Truchas con ................. |
| *Camarero:* | ¿Desea alguna .................? |
| *Sara:* | Sí, vegetales ................. |
| *Camarero:* | ¿Y usted señor? |
| *Carlos:* | Pues, para mí conejo con ................. y de guarnición ................. blanco. |
| *Camarero:* | ¿Y para beber? |
| *Carlos:* | Una ................. de vino de la casa. Sara, ¿qué prefieres beber blanco o .................? |
| *Sara:* | Prefiero blanco, y también una botella de ................. con gas. |
| *Camarero:* | Muy bien, enseguida. |

**C  Practica**

En grupos de tres, pide tu propia comida. Una persona es el camarero o camarera y las otras dos los clientes.

**D  ¿Se puede o no se puede?**

Ejemplo:  (*fumar aquí*)
  ○ ¿Se puede fumar aquí?
  ● No, no se puede

Ahora pregunta a tu compañero con los siguientes.

**1** (*girar a la derecha*)

PROHIBIDO FUMAR

HORARIO

DIARIO:  8.30 – 2.00
SABADO:  8.30 – 1.00

BANCO

**2** (*comprar cheques de viajero a las 2.30*)

**3** (*alquilar un coche aquí*)

A L V I S
SE ALQUILAN COCHES

**4** (*entrar*)

**5** (*leer los documentos*)

¡PRIVADO!

CONFIDENCIAL

6 *(revelar fotografías aquí)*

7 *(pagar con tarjeta de crédito)*

8 *(hablar con el jefe)*

## Diálogo 3

Pilar Vázquez y Luis Collazo, el director técnico del hotel, hablan sobre la entrevista.

 Estudia estas frases antes de escuchar el diálogo en el casete.

| | |
|---|---|
| ¿Qué estás haciendo? | *What are you doing?* |
| conseguirlos | *get them* |
| ofrecerles | *offer them* |
| ¡Ojo! | *Be careful!* |

*Luis Collazo:* ¿Qué tal? ¿Qué estás haciendo?

*Pilar Vázquez:* Estoy preparando el presupuesto para Clarasol.

*Luis Collazo:* ¿Qué opinas, están interesados?

*Pilar Vázquez:* Creo que sí. Pero antes quieren ver otros hoteles. Lo que yo quiero hacer es conseguirlos como clientes fijos, pues sé que van a hacer más presentaciones y convenciones y que están en contacto con compañías extranjeras.

*Luis Collazo:* ¿Cuál es tu plan?

*Pilar Vázquez:* Estoy pensando en ofrecerles un descuento si Clarasol se compromete a usar nuestro hotel en el futuro.

| Luis Collazo: | ¡Ojo con lo que haces! Estos hombres de negocios siempre están detrás del mejor precio. Tenemos que tener cuidado y no rebajar el precio demasiado. |
| Pilar Vázquez: | Ya sé, no te preocupes. Hace tiempo que los conozco y no es la primera vez que me encargo de una convención |
| Luis Collazo: | Vale, vale. |

## Actividades

### A  Responde

1 ¿Qué está haciendo Pilar?

2 ¿Qué quiere hacer Pilar?

3 ¿Por qué?

4 ¿Cuál es el plan de Pilar?

5 ¿Qué opina Luis Collazo de los hombres de negocios?

6 ¿De qué tienen que tener cuidado?

### B  Repasa

---

**¡Mira!**

¿Qué    está
        están    haciendo?

Está
Están    -ando/-iendo

Mira el dibujo y pregunta a tu compañero qué está o están haciendo cada uno de los personajes.

Ejemplo: L/mirar
    ○ ¿Qué está haciendo L?
    ● Está mirando el vídeo

Haz lo mismo utilizando los siguientes verbos y palabras:

| | | | |
|---|---|---|---|
| A/dormir | B/discutir | C/leer | D/consultar |
| E/hablar | F/beber | G/escribir | H/salir |
| I/calcular | J/comer | K/fumar | |

| | | | |
|---|---|---|---|
| presupuesto | habitación | café | teléfono |
| informe | agenda | bocadillo | cigarillo |
| notas | | | |

**C   Practica**

¿Qué está haciendo?
Individualmente o en grupos, el estudiante o los estudiantes ejecutan una acción y los demás tienen que adivinar que está o están haciendo.

¡Mira!     Hace viento     Llueve     Nieva     Hace frio     Hace calor

**D  Contesta**

**Previsiones del tiempo para hoy**

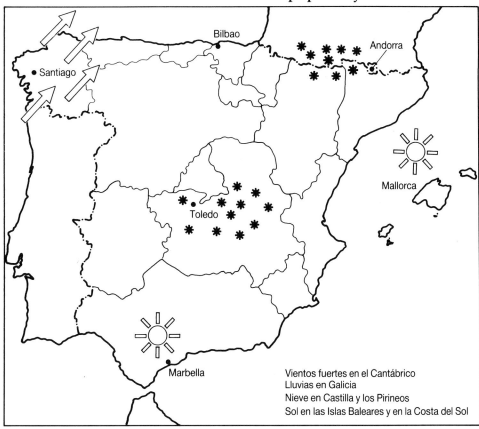

Vientos fuertes en el Cantábrico
Lluvias en Galicia
Nieve en Castilla y los Pirineos
Sol en las Islas Baleares y en la Costa del Sol

¿Qué tiempo hace en .................?

| | | |
|---|---|---|
| **1** Bilbao | **3** Santigo | **5** Mallorca |
| **2** Marbella | **4** Toledo | **6** Andorra |

---

**¡Mira!**

Luis Collazo:  . . . ¿Cuál es *tu* plan?
Pilar Vázquez:  . . . necesitamos una buena
provisión de *su* aceite en
nuestra cocinas.

---

 **E  Completa**

Completa con un posesivo.

**1** Señor Galán, ¿cómo se llama ................. compañía?
................. compañía se llama Clarasol.

**2** Bueno, y ahora vosotros, ¿cuál es ................. plan?
................. plan es ofrecer un descuento.

**3** ¿Y qué tal ................. secretaria?
................. secretaria es muy eficiente.

**4** ¿Puede decirme dónde están ................. oficinas
principales?
................. oficinas están en la Avenida de Castelao, 37.

**5** ¿Sabes dónde están ................. llaves?
................. llaves están encima del archivador.

**6** ¿Y a vosotros ................. clientes os pagan puntualmente?
Sí, todos ................. clientes son solventes.

# Diálogo 4

José Manuel Galán y Carmen Bravo hablan en las oficinas de Clarasol.

Estudia estas frases antes de escuchar el diálogo en el casete.

| | |
|---|---|
| ¿En qué quedamos? | *What do we decide to do then?* |
| pasado mañana | *the day after tomorrow* |
| la semana que viene | *next week* |
| a fin de | *in order to* |
| Me temo que sí | *I am afraid so* |
| el último trimestre | *the last quarter* |

*José Manuel Galán:*   Entonces, ¿en qué quedamos?

*Carmen Bravo:*   En primer lugar estamos esperando los presupuestos del Hotel
Europa y el Hotel Don Pedro y pasado mañana tenemos que ir a

ver el Hotel Continental. Luego voy a redactar un informe sobre los tres hoteles. Finalmente, la semana que viene usted tiene una reunión con el director general y el director de contabilidad a fin de tomar una decisión definitiva.

*José Manuel Galán:* Muy bien, no hay nada más hoy ¿verdad?, porque estoy cansado.

*Carmen Bravo:* Pues . . . Me temo que sí. Tiene que firmar estas cartas y luego revisar esta solicitud de empleo para el puesto de vendedor en la región extremeña.

*José Manuel Galán:* ¿No puede esperar hasta mañana?

*Carmen Bravo:* Lamentablemente no, porque la entrevista es mañana por la tarde, y además mañana por la mañana, a primera hora, el Departamento de Contabilidad quiere el análisis de las ventas del último trimestre.

*José Manuel Galán:* Creo que necesito unas vacaciones.

## Actividades

### A  Responde

    **1** ¿Qué están esperando?

    **2** ¿A dónde tienen que ir pasado mañana?

    **3** ¿Qué va a escribir Carmen después?

    **4** ¿Qué tiene que hacer el señor Galán la semana que viene?

    **5** ¿Por qué?

    **6** ¿Cómo está el señor Galán?

    **7** ¿Qué tiene que hacer el señor Galán antes de ir a casa?

    **8** ¿Qué necesita el Departamento de Contabilidad?

    **9** ¿Qué quiere José Manuel Galán?

### B  Practica

Formar grupos. Cada grupo es un equipo que trabaja en el Departamento de Márketing de una compañía de refrescos. La empresa va a lanzar una nueva bebida con sabor a naranja. Cada grupo tiene que inventar el nombre del nuevo refresco. La estrategia para la elección de una marca es la siguiente, pero el orden del test no es correcto:

- Seleccionar una amplia gama de posibles nombres. (Elige unos 5)
- Por medio de un test evaluar los nombres. El procedimiento a seguir para realizar el test es:
  – Hacer otra pausa de 15 segundos
  – Volver a leerlos en orden diferente
  – Dejar 15 minutos de pausa

– Repetir de nuevo la lectura de los nombres, ordenados de forma distinta a las dos ocasiones anteriores

– Leer al entrevistado los nombres

– Durante 15 segundos el entrevistado debe escribir los nombres que recuerda

- Dar una puntuación de 1 a 7 a los nombres. 1 = el primer nombre recordado, 2 = el segundo nombre recordado etc., 7 = si un nombre no es recordado. El nombre que sale con la puntuación más baja es el más adecuado.

- Comprobar que el nombre elegido no existe o no es similar a otro.

Instrucciones:

1 Ordenar el test.

2 Hacer el test a los otros grupos.

3 Elegir el nombre.

4 Por votación de toda la clase, elegir el nombre más adecuado. No se puede votar por el nombre del propio grupo.

**C  Repasa**

Rellena los espacios en blanco con la forma adecuada del verbo. Utiliza los verbos del recuadro.

| | |
|---|---|
| decir | ir |
| invertir | hacerse |
| saber | suponer |
| tener | sentir |
| poner | traducir |
| poderse | conocer |
| leer | |

1 Como soy traductora de una compañía de publicidad, cada día ................. muchas cartas.

2 El director no está en este momento, pero ................. que va a llegar pronto.

3 Esa empresa no ................. muy buena reputación.

4 Yo nunca ................. en la Bolsa, ................. mi dinero en una cuenta de ahorro.

5 (Yo) no ................. las nuevas instalaciones de la factoría.

6 La compañía de seguros no ................. cargo en caso de incendio.

7 Las previsiones del tiempo ................. que mañana ................. a hacer calor

8 (Yo) lo ................., pero no ................. cuándo van a descargar los contenedores.

9 Aquí no ................. entrar.

10 El jefe de personal está ................. el curriculum del entrevistado.

## *Algo de España*

**SEMESA**

Seguros Marítimos S.A.
Avda. Orillamar, 31 – 2°
Apartado 472
Teléfonos:  23 89 23 – 23 89 41
Telex:  87507 SEMU T
VIGO

## Cooperativa Agrícola La Paz

Carretera N VI s/n
18500 Orense

Teléfono:  343536

Fax:  4194537

Telex:  CAPA Z 86576

# C. O. S. A. S. s.l.

Objetos de regalo – Decoración – Lista de Bodas
c/ Tellado  21-23, 28451 Madrid

Teléfono: (91) 453782
Fax: 4299863

Colón e Hijos – Transportes Nacionales e Internacionales

Nave Industrial N° 9, Polígono Industrial San Cristobal
8709 Vallodolid

- En España todas las empresas sociales tienen que estar inscritas en el Registro Mercantil. Las empresas individuales, propiedad de una sola persona, no tienen la obligación de inscribirse, y son muy numerosas en el país.

- Una sociedad es una agrupación de dos o más personas para realizar una determinada actividad. Las sociedades pueden ser de diversos tipos, Colectivas, Comanditarias, Limitadas, Anónimas, Cooperativas etc., aunque las tres últimas son las más comunes.

- La Sociedad Anónima (S.A.) está dirigida por un Consejo de Administración y el capital está dividido en acciones. Las acciones de las sociedades anónimas se pueden cotizar en la Bolsa de Valores, y las compañías con un capital superior a los 50 millones de pesetas tienen que registrarse como sociedades anónimas.

- En una Sociedad Limitada (S.L.) o Sociedad de Responsabilidad Limitada (S.R.L.), la responsabilidad de los socios está limitada a su aportación de capital y hay restricciones en la transferencia de acciones. Sólo se pueden vender las acciones con el acuerdo de los demás accionistas.

- Las cooperatives tienen que registrarse en el Registro de Cooperativas y son numerosas en el sector agrícola, aunque hay también cooperativas de producción industrial, de vivienda, de servicios etc. Los beneficios se reinvierten o distribuyen entre los socios.

- Hay también empresas públicas controladas por el Instituto Nacional de Industria (I.N.I.) el *holding* del estado español. El I.N.I. puede tener la totalidad de las acciones de una empresa o formar parte de una empresa mixta con el sector privado. Existen otros holdings estatales, como la Dirección General del Patrimonio del Estado (D.G.P.E.) y el Instituto Nacional de Hidrocarburos (I.N.H.).

Mira el cuadro y selecciona la casilla adecuada a la definición dada para las diferentes sociedades. Pon una X.

| | Empresa individual | SL o SRL | SA | Co-operativas |
|---|---|---|---|---|
| Inscrita en el Registro Mercantil | | | | |
| Registrada en el Registro de Cooperativas | | | | |
| Acciones Cotizadas en la Bolsa | | | | |
| Capital: menos de 50 millones de pesetas | | | | |

## Completa _____

**1** En España todas las empresas sociales
tienen que:
  **a** registrarse en el Registro de
    Cooperativas
  **b** inscribirse en el Registro Mercantil
  **c** tener un capital superior a los 50
    millones de pesetas
  **d** cotizarse en la Bolsa de Valores

**2** Las Sociedades Anónimas están dirigidas
por:
  **a** los accionistas
  **b** la Bolsa de Valores
  **c** el I.N.I.
  **d** un Consejo de Administración

**3** Las acciones de una Sociedad Limitada
pueden venderse:
  **a** en la Bolsa de Valores
  **b** solamente a otros accionistas
  **c** solamente con el acuerdo de los otros
    accionistas
  **d** al Estado

**4** El I.N.I. es:
  **a** una Cooperativa
  **b** una Sociedad Anónima
  **c** un conjunto de empresas que forman
    un grupo financiero
  **d** una Sociedad Limitada del Estado

**5** La responsabilidad de los socios en una
Sociedad Limitada es:
  **a** total
  **b** limitada a su aportación de capital
  **c** limitada al capital total de la empresa
  **d** nula

• • • • • • • • • • • • • • • • • • • • • • • • • • • • • • • • • • • • • • • • • • • • • • • • • • • • • • • • • •

## Action checklist

*Before going on to Stage 6 make sure you can:*

• *describe a process*
  Primero tienes que registrar la compañía y
    después puedes vender acciones

• *order a meal*
  ¿Qué va a tomar?
  De entrada, gambas a la plancha y luego
    bacalao a la vizcaína

• *say what you are doing*
  ¿Qué estás haciendo?
  Estoy revisando el presupuesto

• *ask if something can be done*
  ¿Se puede pagar con cheque o con tarjeta
    de crédito?

• *talk about the weather*
  No siempre llueve en Inglaterra

# Consolidación

In Unit 6 you will review what you have learnt so far.

## ¿Entiendes?

---

**FICHA DE TRABAJO**

| | |
|---|---|
| NOMBRE: | Hermelinda |
| APELLIDOS: | Castro Posada |
| ESTADO CIVIL: | Casada |
| EDAD: | 35 |
| HIJOS: | 4 |
| DIRECCION: | Bajada Fonte, nº 3. |
| CARGO: | Empleada de la limpieza |
| HORARIO DE TRABAJO: | De 8.30 a 4.30 |
| FECHA DE INGRESO: | 12 / 04 / 89 |

---

**MEMORANDUM**

DE: Manuela Camoza, supervisora de limpieza. Turno diurno

PARA: Luis Collazo

ASUNTO: Estoy preocupada por Hermelinda. Ultimamente llega tarde al trabajo y se va antes de la hora. Pasa mucho tiempo hablando por teléfono y está descuidando un poco su aspecto personal. Creo que tiene problemas. ¿Puede hablar con ella? Gracias.

---

1 ¿Cuál es el primer apellido de Hermelinda?

2 ¿Está casada o soltera?

3 ¿Cuántos años tiene?

4 ¿Cuál es su dirección?

5 ¿Tiene hijos?

6 ¿Cuántos hijos tiene?

7 ¿Dónde trabaja?

8 ¿Qué cargo ocupa?

9 ¿Cuál es la fecha de ingreso?

# Diálogo 1

Asuntos del día

Estudia estas frases antes de escuchar el diálogo en el casete.

| | |
|---|---|
| Pareces cansada | *You look tired* |
| Nos pasamos la noche hablando | *We spend the night talking* |
| ¡Qué casualidad! | *What a coincidence!* |

| | |
|---|---|
| *Pedro Corona:* | ¿Estás bien? Pareces cansada |
| *Pilar Vázquez:* | Sí, esta semana es terrible, me estoy acostando tarde y como siempre, me levanto temprano. |
| *Pedro Corona:* | ¿Por qué? ¿Qué tiene de especial esta semana? |
| *Pilar Vázquez:* | Tengo mucho trabajo y además mi hermana está decorando la casa y mientras, está viviendo conmigo . . . y nos pasamos la noche hablando. |
| *Luis Collazo:* | ¡Qué casualidad! Porque aquí tenemos a otra que parece que también está cansada. ¿Os imagináis quién es? |
| *Pilar Vázquez y Pedro Corona:* | Hermelinda. |
| *Luis Collazo:* | Sí, tenéis razón. Esta tarde tengo que hablar con ella. Por cierto Pedro, ¿qué hay sobre la vajilla nueva para las cafeterías? |
| *Pedro Corona:* | Sí, ahora voy a llamar a Porcelanorsa para hablar con Fernando y luego hablamos. |

## Actividades

### A   Responde

1  ¿Por qué está cansada Pilar?

2  ¿Quién está viviendo con ella?

3  ¿Por qué?

4  ¿Qué otra persona está cansada también?

5  ¿Quién es Hermelinda?

6  ¿Cuándo va a hablar Luis Collazo con Hermelinda?

7  ¿Con quién va a hablar Pedro Corona?

8  ¿Cómo se llama la compañía donde trabaja Fernando?

9  ¿Sobre qué van a hablar Pedro Corona y Fernando?

### B   Completa

Escucha la entrevista que Luis Collazo tiene con Hermelinda. Y con esa información y los datos de la ficha de Hermelinda, describe la vida de Hermelinda.

Ejemplo:  Hermelinda tiene 32 años, . . .

### C   Repasa

Un día en la vida de Juan.

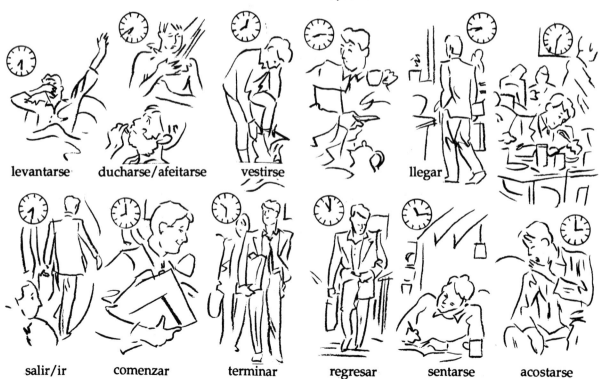

levantarse   ducharse/afeitarse   vestirse   llegar

salir/ir   comenzar   terminar   regresar   sentarse   acostarse

Mira los dibujos y coloca las horas y los verbos en la forma correcta en el siguiente texto.

Juan ................. ................ a las ................, ................

................ a las ................ y luego ................. ................ A las

................. ................. ................., y a las ................ desayuna

un café negro solamente. ................ al trabajo a las ................

A la ................ almuerza. A las ................. ................ de la

oficina, entonces ................ a la Universidad, las clases

................ a las ................ y ................ a las ................ de la

noche. ................ a casa a las ................ A las ................

................ ................ a estudiar y a las ................ de la

madrugada ................ ................

**D   Y ahora . . .**

Habla con tu compañero y averigua su rutina diaria.

**E   Conexiones**

Forma siete frases escogiendo un elemento de cada columna.

Ejemplo:  Un jefe de contabilidad gana, aproximadamente
4.586.000 pesetas anuales.

| | | |
|---|---|---|
| Los auditores | puedes | al director financiero |
| Aquí no se puede | gana | a conseguir un aumento de sueldo |
| Ella | os marcháis | tener la entrevista el martes |
| El jefe de contabilidad y yo | no conozco | en el departamento de informática |
| Vosotros | vamos | aproximadamente 4.586.000 pesetas anuales |
| Tú | están | muy tarde de la oficina |
| Yo | es | a la izquierda |
| Un jefe de contabilidad | girar | la secretaria del director |

# Diálogo 2

Pedro Corona habla por teléfono con el Departamento de Ventas de Porcelanorsa.

 Estudia estas frases antes de escuchar el diálogo en el casete.

| | |
|---|---|
| Pues tú dirás | *It is up to you* |
| Digamos . . . | *Let's say . . .* |

| | |
|---|---|
| *Telefonista de Porcelanorsa:* | Buenos días. Porcelanorsa, dígame. |
| *Pedro Corona:* | Buenos días, ¿me puede poner con el Departamento de Ventas por favor? |
| *Telefonista:* | Un momento. |
| *Secretaria:* | Ventas. |
| *Pedro Corona:* | ¡Hola! ¿Puedo hablar con Fernando? |
| *Secretaria:* | ¿Cuál de ellos? |
| *Pedro Corona:* | Con Fernando Alvarez. |
| *Secretaria:* | Voy a ver si está. ¿De parte de quién? |
| *Pedro Corona:* | De Pedro Corona, del Hotel Europa. |
| | |
| *Fernando Alvarez:* | ¡Hombre Pedro! ¿Qué tal? |
| *Pedro Corona:* | Bien, bien. Te llamo porque estamos pensando en cambiar la vajilla de las cafeterías. |
| *Fernando Alvarez:* | Estupendo, porque acabamos de recibir los nuevos catálogos. |
| *Pedro Corona:* | ¿Cuándo puedes pasar por aquí? |
| *Fernando Alvarez:* | ¿Esta tarde? |
| *Pedro Corona:* | No puedo, estamos haciendo el inventario. |
| *Fernando Alvarez:* | Pues tú dirás. |
| *Pedro Corona:* | Bueno mira, digamos el miércoles por la tarde. A las cuatro ¿está bien? |
| *Fernando Alvarez:* | Vale. Hasta el miércoles. Hasta luego. |

## Actividades

### A  Responde

**1** ¿Con qué departamento quiere hablar Pedro Corona?

**2** ¿Cuál es el apellido de Fernando?

**3** ¿Por qué llama Pedro Corona a Fernando?

**4** ¿Qué acaban de recibir en Porcelanorsa?

**5** ¿Por qué no se pueden ver esta tarde?

**6** ¿Cuándo van a tener la cita?

**7** ¿A qué hora?

### B  Conexiones

Forma seis frases escogiendo un elemento de cada columna.

Ejemplo:  La oferta es interesante

| Esta | los viernes | es | entrevista |
| Ella | oferta | se levanta | llegar |
| Nosotros | semana | no está | interesante |
| Manuel | catálogos | es | en este momento |
| El almacenista | últimamente | tenemos | turno de noche |
| La | a las cinco | acaban de | terrible |
| Los | de la fábrica | hace | tarde |

### C  Conexiones

Relaciona las dos columnas

| | |
|---|---|
| ¿Qué tiempo hace? | En la segunda planta |
| ¿A qué hora sale el avión para Valencia? | 800 pesetas |
| ¿Cuándo van a enviar el pedido? | Dentro del cajón |
| ¿Puedo hablar con José? | Me acuesto a las 11 de la noche |
| ¿Cuál es la fecha de su nacimiento? | Es grande y de color azul |
| ¿A qué hora te acuestas? | El 12 de abril de 1.971 |
| Por favor ¿dónde está la oficina de empleo? | Llueve mucho |
| ¿Cuánto es? | ¿De parte de quién? |
| ¿Cómo es? | La próxima semana |
| ¿Dónde están las llaves? | A las 5 de la tarde |

**D   Repasa**

Forma frases.

| | | |
|---|---|---|
| Si sales | | teléfono después |
| | de | |
| Vamos | | la reunión de ayer |
| El portafolios es | sobre | el director de ventas |
| Ella tiene que escribir un informe | | la tarde |
| | a | |
| El contable está | | Madrid el próximo sábado |
| | por | |
| Te llamo | | la reunión del miércoles |
| | con | |
| El informe económico tiene que estar terminado | | la directora de inversiones |
| | para | |
| El representante va a venir | | avión |
| Las muestras van a llegar | | la oficina, conecta el contestador automático |

# Diálogo 3 _____

Pedro Corona y Fernando Alvarez hablan sobre las características
de las nuevas porcelanas.

Estudia estas frases antes de escuchar el diálogo en el casete.

| | |
|---|---|
| Quiero señalar . . . | *I want to point out . . .* |
| un alto grado de limpieza | *a high degree of cleanliness* |
| aun más | *furthermore* |

| | |
|---|---|
| *Pedro Corona:* | A ver esa nueva línea. |
| *Fernando Alvarez:* | Primero quiero señalar que esta nueva porcelana es mucho más resistente al calor. |
| *Pedro Corona:* | Perfecto porque exigimos un alto grado de limpieza, y eso, como ya sabes, requiere altas temperaturas. |
| *Fernando Alvarez:* | Y aun más, el esmalte que usamos ahora es prácticamente inalterable. Posee un alto grado de resistencia no solo a las altas temperaturas sino también a los detergentes. |
| *Pedro Corona:* | Recuerda también que necesitamos una vajilla fuerte. |
| *Fernando Alvarez:* | Sí, ya sé que vuestras cafeterías trabajan sin parar. |

## Actividades

### A  Responde

1  ¿Cómo es la nueva porcelana?

2  ¿Qué exigen en el Hotel Europa?

3  Cita las características del nuevo esmalte.

4  ¿Cómo tiene que ser la vajilla?

5  ¿Trabajan mucho las cafeterías del Hotel?

### B  ¿Qué es?

Lee las descripciones de las siguientes cosas y averigua qué es cada una.

1  • No es muy grande
   • Puede ser de piel o de plástico
   • Contiene mucha información
   • Generalmente es negro o marrón
   • Puede ser barato o muy caro

2  • Generalmente se encuentra en los tejados de los edificios
   • Es un sistema ecológicamente 'verde'
   • Su instalación es una inversión cara a corto plazo, pero barata a la larga
   • Transforma la luz en calor
   • Consiste, entre otras cosas, en una placa de metal plana

3  • Se puede llevar en el bolsillo
   • Tiene una pantalla LCD
   • Posee muchos botones
   • Tiene una memoria pequeña
   • Resuelve problemas

4  • Es rectangular
   • Tiene asa
   • Puede tener combinación númerica o llave
   • Viaja a diario
   • A veces lleva iniciales

**C   Y ahora . . .**

Formar dos o más grupos: cada grupo tiene que pensar en cinco objetos, los otros grupos hacen preguntas para averiguar qué es.

Hay un máximo de diez preguntas y solamente se puede responder *sí/no*

**D   ¿Cómo se hace una tortilla?**

Usa las siguientes palabras para describir cómo hacer una tortilla. No tienes que usar todas las palabras, pero no puedes repetir ninguna.

Ejemplo:  Primero romper tres huevos en un plato hondo

Cuando/Seguidamente/Después/Primero/Posteriormente/ Luego/Más tarde/Finalmente/Entonces

- Añadir sal y pimienta al gusto
- Está caliente, echar la mezcla en la sartén y moverla ligeramente
- Romper tres huevos en un plato hondo
- Poner una sartén al fuego con un poco de aceite
- Servir caliente
- Batir los huevos
- Dar la vuelta a la mezcla

**E   Se busca**

Repasa los diálogos de esta unidad y busca la palabra opuesta a las subrayadas en las siguientes frases.

Ejemplo:  Me estoy acostando *temprano*
             Me estoy acostando tarde

1 ¿Qué hay sobre la vajilla *vieja* para las cafeterías?

......................................................................

2 *Por último* quiero señalar que esta *nueva* porcelana es mucho *menos* resistente al *frío*.

......................................................................

3 Exigimos un *bajo* grado de *suciedad*.

......................................................................

4 Esta semana es *estupenda*.

......................................................................

5 Digamos el miércoles por la *mañana*.

......................................................................

6 Tengo *poco* trabajo.

......................................................................

# Diálogo 4

Pedro y Fernando hablan sobre el número de piezas que quieren y la forma de pago.

 Estudia estas frase antes de escuchar el diálogo en el casete.

| | |
|---|---|
| Es mejor seguir usando | *It is better to continue using* |
| ¿Qué . . . nos ofreces? | *What . . . can you offer us?* |
| Confirmar el pedido por escrito | *Confirm the order in writing* |

*Fernando Alvarez:*   Entonces ¿cuántas piezas quieres?

*Pedro Corona:*   2.000 tazas de café grandes y pequeñas, con sus platos claro. Y de té 1.000.

*Fernando Alvarez:*   ¿Y cuántos platos medianos?

*Pedro Corona:*   También 2.000.

*Fernando Alvarez:*   ¿Y no queréis algunas cafeteras y teteras de porcelana?

*Pedro Corona:*   No ninguna, creo que para las cafeterías es mejor seguir usando las de acero inoxidable. ¿Qué facilidades de pago nos ofreces?

*Fernando Alvarez:*   Como siempre, el 50% a la entrega de la mercancía y el resto a tres meses.

*Pedro Corona:*   Bien ¿y cuándo vamos a tener el pedido?

*Fernando Alvarez:*   Como ya tenemos la plancha del logotipo del hotel, pienso que en tres semanas puede estar aquí.

*Pedro Corona:*   De acuerdo, voy a confirmar el pedido por escrito.

# *PORCELANORSA*

Avda. de Castelao, s/n    Tlf. 49 03 87    Telegramas "PORCENSA"
23951
Lugo

Albarán núm. _____

_____ de _____ de _____

Fecha _____

Medio de envio _____

Entregado a _____

_____

| Cantidad | CONCEPTO | Precio | Importe |
|----------|----------|--------|---------|
| | | | |

EDITEX/CTEX01

## Actividades

**A   Responde**

1   ¿Cuál es el número total de piezas que ordena Pedro Corona?

2   ¿Qué clase de cafeteras y teteras usan en las cafeterías del hotel?

3   ¿Cómo van a pagar la factura?

4   ¿Cuándo van a tener el pedido?

5   ¿Qué va a hacer Pedro Corona?

**B   Repasa**

Rellena los espacios en blanco en los siguientes diálogos, usando:

| | |
|---|---|
| Alguno(a/s) | Ninguno(a/s) |
| Algún | Ningún |
| Alguien | Nadie |
| Algo | Nada |

1 ¿Hay algún tren para Sevilla a las 12?
No, no hay ........................

2 ¿Hay ........................ en la oficina los sábados?
No, no hay nadie.

3 ¿Alguna persona en la compañía habla italiano?
No, ........................

4 ¿Pasa algo?
No, ........................

5 ¿Desea algo?
Sí. ¿Tiene ........................ libro sobre informática?

6 No tengo ........................ de dinero.
No te preocupes, yo tengo algo.

7 Algunas fotocopiadoras hacen fotocopias en color.
¿Si?, pues yo no conozco ........................

8 En esta empresa ningún jefe es mujer.
¿Estás segura de que no hay ........................ mujer?

**C   Completa**

Termina las siguientes oraciones.

1 Como ya tenemos el dinero ................

2 Voy a confirmar el pedido ................

3 El material que usamos ahora ................

4 ¿Dónde está ................
Está ................

5 El avión ................

6 El hotel tiene ................

7 Aquí no se puede ................

8 Carmen tiene que ................

9 Prefiero ................

10 ¿Cuál es ................

---

**¡Mira!**

*Hay que* trabajar mucho para ganar un buen sueldo.
*Tengo que* trabajar más si quiero ser director.
*Debemos* trabajar esta noche, pero estamos cansados.

▷ 19  **D  Y ahora**

Utiliza la expresión *hay que* o la formas correctas de *tener que* y *deber* para completar los siguientes diálogos.

**1** Las fotocopias salen muy oscuras.
   Pues ........................ que reparar la fotocopiadora.

**2** ¿Qué podemos hacer para obtener más beneficios?
   ........................ incrementar la producción.

**3** ¿Te vas?
   Sí, porque ........................ que estar en el aeropuerto a las tres.

**4** ¿Qué dice el aviso?
   Que ........................ que desconectar el ordenador antes de marcharse.

**5** Necesito dos días libres.
   En ese caso ........................ hablar con el jefe de personal.

**6** No quiero ir a esa reunión.
   En mi opinión ........................ ir.

• • • • • • • • • • • • • • • • • • • • • • • • • • • • • • • • • • • • • • • • • • • • •

# *Algo de España*

## La población española _____

● España tiene una población algo superior a los 39 millones de habitantes y una densidad de 77 personas por kilómetro cuadrado, comparada con 100 hab./km$^2$ en Francia, 217 en Alemania y 230 en el Reino Unido. La población está muy desigualmente repartida por el territorio nacional. Las regiones periféricas registran una densidad superior a la media del país mientras bastantes provincias en el interior tienen una densidad inferior a 25 hab./km$^2$. Aunque el buen clima de las costas nos ayuda explicar esta diferencia, la causa fundamental del éxodo rural y estas migraciones interiores es de índole económica. La mala distribución de la tierra, los precios antieconómicos de los productos agrícolas, la falta de servicios culturales y sociales en el campo y la concentración industrial en determinadas zonas del país, son los factores que impulsan la migración hacia las ciudades.

● De la población total, España tiene una población activa, es decir, todos los ocupados más los que buscan empleo, de unos 15 millones, y una tasa de paro de un 15.9%. De la población ocupada, los que tienen trabajo, más del 50% trabajan en el sector de servicios, el sector terciario, mientras el porcentaje de los que trabajan en la agricultura es ahora bajo comparado con décadas anteriores.

● Otro fenómeno del desarollo de la población es la expansión de la clase media durante los últimos decenios que ahora, entre la clase media y la clase media alta, constituye un 52% de la población total. El perfil de la población en España es hoy en día similar al de las poblaciones socio-económicamente desarrolladas, con un nivel de natalidad bajo y una alta esperanza de vida.

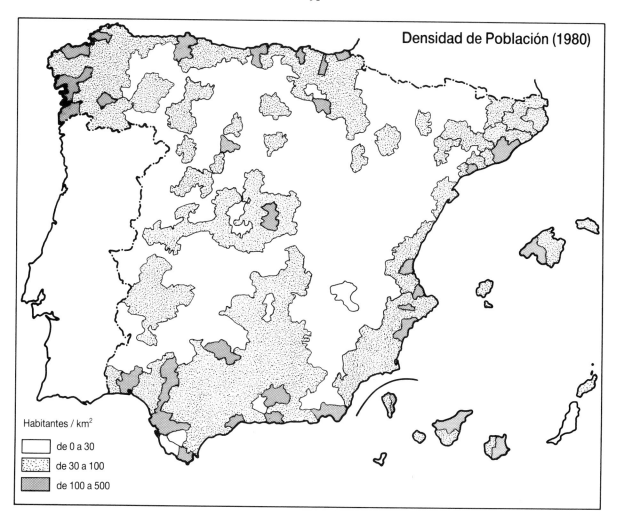

Densidad de Población (1980)

Habitantes / km²

- de 0 a 30
- de 30 a 100
- de 100 a 500

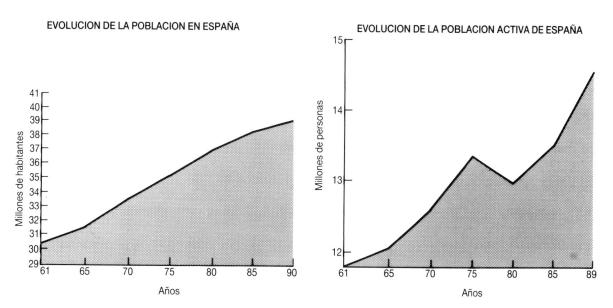

EVOLUCION DE LA POBLACION EN ESPAÑA

EVOLUCION DE LA POBLACION ACTIVA DE ESPAÑA

## ¿Verdadero o falso? _____

**1** La población activa de un país son todas aquellas personas que tienen trabajo.

**2** La gente emigra a las ciudades y a las costas principalmente porque el clima es bueno.

**3** El sector secundario es el sector que emplea a más personas.

**4** El perfil de la población española es similar al de Gran Bretaña, Alemania y Francia.

**5** La tasa de paro en España es el 15.9% de la población total.

**6** La clase social más importante en España es la clase media.

● ● ● ● ● ● ● ● ● ● ● ● ● ● ● ● ● ● ● ● ● ● ● ● ● ● ● ● ● ● ● ● ● ● ● ● ● ● ● ● ● ● ● ● ● ● ● ● ● ● ● ●

## Action checklist _____

Review Stages 1 to 5 and make sure you know the key points in the Action checklists. Play through the dialogues again and practise reading them aloud. Re-read the Grammar notes from these units.

# Negociando

In Stage 7, you will learn to:
- express likes and dislikes
- indicate preferences
- make comparisons
- express possibility
- express ignorance and doubt

## ¿Entiendes?

### Declaraciones Íntimas
### JUAN ANTONIO DÍAZ ÁLVAREZ

- Rasgo principal de mi carácter ......... *La firmeza*
- Cualidad que prefiero en el hombre ...... *La inteligencia*
- Cualidad que prefiero en la mujer ........ *La inteligencia*
- Mi principal defecto .................... *Falta de paciencia*
- Ocupación que prefiero en mis ratos libres .... *Deportes y lectura*
- Mi sueño dorado ................... *huir arte sabático*
- Para estar en forma necesito dormir ...... *Muchas horas*
- Mis escritores favoritos ................ *Graham Green; Pirandello; J. R. Jiménez*
- Mis pintores favoritos ................ *El Greco; Velázquez*
- Mis músicos favoritos ................ *Vivaldi; Joaquín Rodrigo*
- Mi deporte favorito .................. *El tenis*
- Mis políticos favoritos ............... *Andreotti*
- Héroes novelescos que más admiro ........ *??*
- Hecho histórico que prefiero ............ *El nacimiento de Cristo*
- Comida y bebida que prefiero ........... *Cualquier dulce*
- Lo que más detesto ................. *La envidia*
- Reforma que creo más necesaria ......... *La unidad europea*
- El don de la Naturaleza que desearía tener ... *Una buena voz para cantar*
- Estado actual de mi espíritu ............ *Tranquilo*
- Faltas que me inspiran más indulgencia ..... *Los errores cometidos de buena fé*

El director general de Seat nace en Gijón, en 1938. Antes de incorporarse a su actual puesto, en octubre de 1980, trabaja en empresas como Dow Chemical y Unión de Explosivos Río Tinto.

1 ¿Qué tipo de cosas le gusta comer y beber?

2 Lo que más detesta es ..............................................................

3 El tenis es su ..........................................................................

4 ¿Cuál es el rasgo principal de su carácter?

5 Necesita dormir muchas horas para ...........................................

6 Le gusta escuchar a ........................ y ....................................

7 ¿Qué cualidad prefiere en los hombres y en las mujeres?

8 Su principal defecto es ............................................................

9 ¿Qué hecho histórico prefiere?

10 La reforma que cree más necesaria es .......................................

11 Sus pintores favoritos son ........................ y .........................

12 Tener un año sabático es su .....................................................

13 Graham Green, Pirandello y J.R. Jiménez son ...........................

# Diálogo 1

José Manuel Galán y Carmen Bravo hablan sobre los diferentes hoteles.

Estudia estas frases antes de escuchar el diálogo en el casete.

| | |
|---|---|
| Me gusta mucho el hotel | *I like the hotel a lot* |
| Tengo la impresión de que | *I've got the impression that* |
| La gama de servicios | *The range of services* |
| ¿Qué le parece? | *What do you think (of it)?* |
| Están dispuestos a negociar | *They are prepared to negotiate* |
| Más . . . que . . . | *More . . . than . . .* |

| | |
|---|---|
| *José Manuel Galán:* | ¿Tiene los datos de los tres hoteles? |
| *Carmen Bravo:* | Sí, aquí están. |
| *José Manuel Galán:* | ¿Y qué opina? |
| *Carmen Bravo:* | Los tres tienen unos precios muy competitivos, y creo que vamos a tener que hacer la evaluación sobre una base no puramente finanaciera.<br>Como puede ver, la diferencia entre los presupuestos es mínima. Por lo tanto, vamos a tener que basar nuestra decisión en la disponibilidad, localización y calidad en los servicios.<br>Por ejemplo, me gusta mucho el Hotel Don Pedro porque es céntrico, pero no me gusta el ambiente. |
| *José Manuel Galán:* | ¿Por qué no le gusta? |
| *Carmen Bravo:* | Tengo la impresión de que la relación entre la dirección y el personal no es muy buena. |
| *José Manuel Galán:* | ¿Y éste, el Hotel Continental? |
| *Carmen Bravo:* | Es un buen hotel y la gama de servicios que ofrece es excelente, pero las tarifas son más altas que las otras y además está muy lejos del centro. |
| *José Manuel Galán:* | ¿Y qué le parece el Hotel Europa? |
| *Carmen Bravo:* | Me gusta. Es céntrico pero tranquilo y la sala de conferencias se ajusta a nuestras necesidades. Y creo que están dispuestos a negociar. |

## Actividades

### A Responde

1 ¿Qué tienen los tres hoteles en común?

2 ¿Cuál es la diferencia entre los tres hoteles?

3 ¿En qué van a tener que basar la decisión para elegir el hotel?

4 ¿Qué le gusta a Carmen del Hotel Don Pedro?

5 ¿Y qué no le gusta?

6 ¿Por qué no le gusta?

7 ¿Cuáles son las desventajas del Hotel Continental?

8 ¿Por qué le gusta a Carmen el Hotel Europa?

### B Repasa

Forma cinco frases distintas.

Ejemplo: Los proyectos no me gustan nada.
        El nuevo director nos gusta mucho.

| **1** Los | hotel | | | |
| Este | fotocopiadora | | me gusta | mucho |
| La | precio | (no) | | bastante |
| Esta | proyectos | | me gustan | nada |
| Las | decisión | | | |
| El | tarifas | | | |

| **2** El | productos | | | |
| La | coches deportivos | | nos gusta | mucho |
| El | vendedor nuevo | (no) | | bastante |
| Las | señorita Pérez | | nos gustan | nada |
| Los | conservas | | | |
| Estos | nuevo director | | | |

### C   Y ahora

Los resultados de una encuesta a cuatro profesionales sobre sus gustos y disgustos están mezclados. ¿Puedes arreglarlo? Hay algunas pistas. Los profesionales son: un contable, una secretaria, un vendedor, una profesora.

*Le gusta:*

Leer informes financieros – Las vacaciones – Hablar por teléfono – Conducir – Ver lugares nuevos – La informática –

| **El contable** | **La secretaria** | **El vendedor** | **La profesora** |
|---|---|---|---|
| + Le gustan los números | + | + Le gusta viajar | + |
| + | + | + | + |
| + | + | + | + |
| − | − No le gusta el desorden | − | − No le gusta corregir exámenes |
| − | − | − | − |
| − | − | − | − |

Leer libros de pedagogía – Los números – Los niños – Los idiomas – Los procesadores de textos – Viajar

*No le gusta:*

La visita de los auditores – Corregir exámenes – Tener un horario fijo – Hacer el café para el jefe – El desorden – Los inspectores del Ministerio de Educación – Escribir informes – Los retrasos en los pagos – Estar en una oficina – Los cheques sin fondos – La misma rutina – La impuntualidad.

---

**¡Mira!**

Las tarifas del Hotel Continental son *más* altas *que* las del Hotel Europa.

---

**D   Y ahora compara**

Ejemplo:  La sala Vigo tiene capacidad para
35 personas.
La sala Barcelona tiene capacidad para
50 personas.                                   *(pequeña)*

La sala Vigo es *más* pequeña *que* la sala Barcelona.

**1** El Hotel Europa tiene 250 habitaciones.
El Hotel Don Pedro tiene 150 habitaciones.   *(grande)*

**2** Un Fiat Tipo GTi cuesta 1.900.570 Ptas.
Un Audi 90 cuesta 3.046.000 Ptas.   *(caro)*

**3** La señorita Gómez puede escribir 10 cartas en una
hora.
La señorita Soto puede escribir 15 cartas en una   *(rápida)*
hora.

**4** Las inversiones en Bonos del Estado producen
un beneficio de un 12%
Las inversiones en el Banco Pacheco producen   *(rentable)*
un beneficio de un 14,5%.

**5** Don Roberto Díaz tiene un capital de 50 millones de
pesetas.
Juan tiene un capital de 10.000 pesetas.   *(rico)*

# Diálogo 2

José Manuel Galán y Carmen Bravo hacen comparaciones sobre los diferentes hoteles.

 Estudia estas frases antes de escuchar el diálogo en el casete.

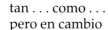

tan ... como ...                    *as/so ... as ...*
pero en cambio                      *but on the other hand*

| en cierto modo | *in a way* |
| demasiado grande | *too big* |

| José Manuel Galán: | Pues a mí me gusta más el Continental. Es más moderno que el Hotel Don Pedro y está más cerca del aeropuerto que el Hotel Europa. |
| Carmen Bravo: | Bueno, me parece que el Hotel Europa es tan moderno como el Continental y además ofrece más servicios que el Hotel Don Pedro. |
| José Manuel Galán: | Es cierto que el Hotel Don Pedro es más antiguo que los otros, pero en cambio tiene más carácter, y ya sabe que al señor Lorca le gustan las cosas antiguas. |
| Carmen Bravo: | Sí, también le gustan la eficiencia y el buen trato, y no me parece que el Hotel Don Pedro reune esas condiciones. En mi opinión, tanto el Continental como el Europa ofrecen mejores servicios que el Don Pedro. |
| José Manuel Galán: | Sí, en cierto modo tiene razón, el sistema de vídeo de los otros dos está más actualizado. |
| Carmen Bravo: | Y no solo eso. La sala de conferencias me parece demasiado grande para nuestras necesidades. |
| José Manuel Galán: | Entonces, la elección está entre el Hotel Europa y el Continental. Los dos son muy buenos, pero por lo que leo en su informe, el Hotel Europa parece tener más experiencia en la organización de congresos y conferencias. El único problema con los dos es que las tarifas, aunque son similares, superan el presupuesto que tenemos para organizar la presentación. |

## Actividades

### A Responde

1 ¿Por qué le gusta el Hotel Continental a José Manuel Galán?

2 ¿Qué tres cosas le gustan al señor Lorca?

3 ¿Reune el Hotel Don Pedro estas condiciones?

4 ¿Qué servicio está más actualizado en los otros dos hoteles?

5 ¿Qué pasa con la sala de conferencias del Hotel Don Pedro?

6 ¿Qué hotel parece tener más experiencia en la organización de congresos?

7 ¿Qué le preocupa al señor Galán?

### B Practica

Mira a las tres columnas y haz preguntas con un compañero según el ejemplo.

Ejemplo: ○ ¿Te gusta viajar en avión?
    ● Sí, mucho
    ○ ¿Por qué?
    ● Porque es muy rápido

| | | |
|---|---|---|
| ¿viajar en avión? | Está bien | son muy anticuados |
| ¿las tarjetas de crédito? | Sí, me gustan bastante | parece muy inteligente |
| ¿el nuevo computador? | Sí, mucho | es moderno y el personal es muy agradable |
| ¿el Hotel Europa? | Sí, me gusta mucho | me parecen muy prácticas |
| ¿los nuevos auditores? | No me gusta nada | es muy rápido |
| ¿Carmen? | No me gustan nada | parecen muy eficientes |
| ¿los archivadores de la oficina? | Sí, muchísimo | me parece demasiado complicado |

---

**¡Mira!**

El Hotel Europa es *tan* moderno *como* el Continental.

---

### C Y ahora compara

Ejemplo: Carmen Bravo es muy eficiente. Pilar Vázquez también.
     Carmen es *tan* eficiente *como* Pilar.

1 Los servicios que ofrece el Hotel Continental son buenos. Los del Hotel Europa también.

2 El informe del Banco Hispano es interesante. El del Banco Popular también.

**3** Nuestro producto es competitivo.
El de la compañía Simagelsa también.

**4** España es un país desarrollado.
Italia también.

**5** La Feria de Muestras de Barcelona es muy importante.
La Feria de Sevilla también.

 **D Repasa**

Rellena los espacios en blanco con *lo/la/los/las* y los contrarios de los adjetivos dados.
Mira el ejemplo y haz lo mismo con los siguientes diálogos.

Ejemplo: ¿Te gusta este computador?
No, es muy caro. *Lo quiero más barato.*

**1** ¿Te gustan estas mesas?
No, son muy grandes. ....................................................

**2** ¿Qué te parece el informe?
No me gusta. Es muy largo. ........................................................

**3** ¿Te gusta el portafolios?
No, es de plástico. ..............................................

**4** ¿Te gusta esta impresora?
No, es muy lenta. ..............................................

**5** ¿Qué te parecen estos diseños?
No me gustan. Son muy complicados. ...............................
.................

**6** ¿Te gusta donde está instalada la fotocopiadora?
No, está muy lejos. ..............................................

**7** ¿Qué te parece esta máquina de escribir?
No me gusta. Es muy antigua. .........................................

# Diálogo 3

Pilar Vázquez y Luis Collazo hablan sobre otro posible cliente que quiere reservar la misma sala el mismo día que Clarasol.

| | |
|---|---|
| ¡Qué lío! | *What a mix-up!* |
| ¿Qué pasa? | *What's the matter?* |
| Después de todo | *After all* |
| ¡Buena suerte! | *Good luck!* |

*Pilar Vázquez:*   ¡Qué lío!

*Luis Collazo:*   ¿Qué pasa?

*Pilar Vázquez:*   Pues que aquí tengo otra propuesta de la Peluquería Hermanos

Pelambre que van a lanzar su nueva gama de productos para el cuidado del cabello y quieren hacer la presentación en la sala Vigo.

*Luis Collazo:* ¿Y cuál es el problema?

*Pilar Vázquez:* Que solicitan la misma fecha que Clarasol.

*Luis Collazo:* ¿Sabes ya algo de Clarasol?

*Pilar Vázquez:* No, todavía no, pero tengo la impresión que están bastante interesados, aunque por otro lado, sé que están estudiando los presupuestos de otros hoteles. Así que creo que mi plan de ofrecerles una rebaja en el presupuesto es una buena idea.

*Luis Collazo:* Quizá tienes razón después de todo. Pero no sé.

*Pilar Vázquez:* Yo tampoco. Pero Hermanos Pelambre es una compañía local y conozco a uno de los directores, probablemente puedo hablar con él y convencerle de cambiar la fecha. Pero primero tengo que llamar a Clarasol ya que es un cliente potencial, que puede originar más beneficios a largo plazo que Hermanos Pelambre.

*Luis Collazo:* ¡Buena suerte!

## Actividades

### A   Responde

    **1** ¿Qué otra firma quiere hacer una presentación?

    **2** ¿Por qué?

    **3** ¿Por qué hay un problema con esa presentación?

    **4** ¿Tiene Pilar alguna respuesta de Clarasol?

    **5** ¿Qué piensa Pilar sobre Clarasol?

6 ¿Qué está haciendo la compañía Clarasol?

7 ¿Tiene algún plan Pilar?

8 ¿Están seguros del plan Pilar y Luis Collazo?

9 ¿Por qué quiere hablar Pilar con uno de los directores de Hermanos Pelambre?

10 ¿Qué va a hacer Pilar antes?

11 ¿Por qué?

**B   Completa**

Completa los siguientes diálogos como en el ejemplo.

Ejemplo:  Begoña quiere hablar con usted
           ¿Quién *quiere hablarme*?

1 Marisa y Jaime van a presentar la dimisión.
  ¿Por qué ................................................?

2 Cristina tiene que terminar el informe.
  ¿Cuándo ................................................?

3 Van a traer las máquinas de escribir.
  ¿Quiénes ................................................?

4 Nosotros vamos a cubrir los formularios.
  ¿Dónde ................................................?

5 Voy a hablar con Juan.
  ¿Cuándo ................................................?

6 Ella quiere convencer a los directores.
  ¿Por qué ................................................?

7 Quiero decirte algo.
  ¿Qué ................................................?

8 Almudena quiere comprar Bonos del Tesoro.
  ¿Por qué ................................................?

9 Hay que presentar el proyecto mañana.
  ¿Quién ................................................?

10 Voy a poner otro procesador de palabras en mi despacho.
  ¿Dónde ................................................?

**C   ¿Qué crees?**

Utiliza las siguientes frases para expresar duda o desconocimiento. Mira el ejemplo.

Pues, no sé/No sé/No sé que decir
No estoy seguro/a
Me parece que no es una buena idea
Quizá tienes razón
Sí, tal vez

Lo dudo/Lo dudo mucho/Lo dudo bastante
Puede ser
Quizás sí

Ejemplo:  La bolsa va a bajar.
          *Lo dudo mucho.*

**1** ¿Puedo ofrecerles una rebaja?

.................................................

**2** Voy a invertir en ese nuevo negocio.

.................................................

**3** Voy a comprar acciones de la Telefónica. Estoy segura de
que van a subir.

.................................................

**4** ¿Te parece que van a aceptar la propuesta?

.................................................

**5** ¿Viene la señora a Rivera a la reunión?

.................................................

**6** ¿Qué opinas del nuevo horario de trabajo?

.................................................

**7** Creo que las ideas de Gisela sobre la publicidad de la
margarina, son estupendas.

.................................................

**8** Me parece que los sindicatos van a obtener un gran
aumento en los salarios.

.................................................

---

**¡Mira!**

*Me* gustan mucho las referencias de la señorita
   Ramírez.
*Te* encanta la puntualidad.
*Le* agradan tus ideas.
*Nos* duele la cabeza.
¿*Os* sorprende su actitud?
*Les* asusta el paro.

---

**D**  **Completa**

Escribe la forma correcta del verbo en Infinitivo.

Ejemplo:  No me *gustan* los impuestos.  (*gustar*)

**1** Juan no trabaja hoy porque le ................ la cabeza.  (*doler*)

**2** No nos ................ los éxitos de la empresa.  (*sorprender*)

**3** A los accionistas les ................ la posibilidad de la quiebra
de la compañía.  (*asustar*)

**4** A Beatriz y Luisa les ................ la Informática. (*encantar*)

**5** La inversión en esa sociedad nos ................ un riesgo. (*parecer*)

**6** ¿Te ................ las referencias de la señorita Ramírez? (*agradar*)

## Diálogo 4

Pilar Vázquez llama a Clarasol para hablar con José Manuel Galán.

Estudia estas frases antes de escuchar el diálogo en el casete.

| | |
|---|---|
| No sé cuánto va a tardar | *I don't know how long it's going to take* |
| Acaba de llegar | *He has just arrived* |
| Me gustaría . . . | *I would like . . .* |
| a cambio de | *in exchange for* |

(*Suena el teléfono*)

**Carmen Bravo:** Ventas, dígame.

**Pilar Vázquez:** Hola, soy Pilar Vázquez del Hotel Europa. ¿Puedo hablar con el señor Galán, por favor?

**Carmen Bravo:** ¡Ah, hola! Soy Carmen Bravo, lo siento pero el señor Galán no está en este momento.

**Pilar Vázquez:** ¿Sabe cuándo va a regresar?

**Carmen Bravo:** No estoy segura, está visitando a unos clientes y no sé cuánto va a tardar. Pero si me dice de qué se trata, tal vez yo puedo ayudar. (*Una puerta se abre*) ¡Ah un momento! Acaba de llegar. Señor Galán, la señorita Vázquez del Hotel Europa está al teléfono.

| | |
|---|---|
| *José Manuel Galán:* | Sí dígame. |
| *Pilar Vázquez:* | ¡Hola! Me gustaría hablar con usted sobre una idea que creo que puede resultar beneficiosa para los dos. |
| *José Manuel Galán:* | Estupendo. ¿De qué se trata? |
| *Pilar Vázquez:* | Se trata de hacerles un descuento en la tarifa de la conferencia a cambio de un acuerdo por parte de Clarasol de usar nuestro hotel en el futuro. |
| *José Manuel Galán:* | Humm . . . ¿Y cuándo puede pasar por mi oficina para hablar sobre ello? |
| *Pilar Vázquez:* | ¿Qué le parece esta tarde a las cuatro? |
| *José Manuel Galán:* | De acuerdo. Hasta la tarde entonces. |

## Actividades

### A   Responde

1  ¿Quién llama por teléfono y con quién quiere hablar?

2  ¿Puede hablar con él? ¿Por qué no?

3  ¿Sabe Carmen cuándo va a regresar?

4  ¿Quién acaba de entrar en el despacho?

5  ¿De qué quiere hablar Pilar con José Manuel Galán?

6  ¿De qué se trata exactamente?

7  ¿A cambio de qué?

8  ¿Cuándo se van a ver?

### B   ¿Quién es?

**Beatriz Mañas**

«Siempre quise ser pintora. Por eso, coger los pinceles en mis ratos libres me hace sentir más cerca de esa forma de vivir que hubiera querido llevar.»

**Angel Martín**

«En esta profesión nunca terminas de trabajar. Por eso, encontrar tres horas a la semana para mi deporte, la esgrima, me desconecta de la tensión.»

**Nuria
San-Frutos**

«Escaparme al campo, conocer pueblos que guardan siglos de historia, dejar de ser durante algunas horas una "urbanícola", hace que me sienta mejor.»

**José María
Izquierdo**

«Lo único que me permite descargar toda la adrenalina que acumulo a lo largo del día es el tenis. Necesito moverme, estar al aire libre durante unas horas y vencer el estrés de mi trabajo.»

**Yolanda
Villaluenga**

«Estar continuamente de camino es la mejor forma de sentirme viva. En cuanto puedo, me marcho a países lo más exóticos posible, en los que aprovecho para hacer reportajes.»

PIPO FERNANDEZ

1 Necesita unas horas libres al día para sentirse bien.

2 Prefiere viajar para al mismo tiempo trabajar y descansar.

3 Para relajarse le gusta practicar un deporte que requiere un florete (similar a una espada).

4 Le encantan los lugares históricos.

5 En su tiempo libre le gusta pintar.

**C    Y ahora tus declaraciones íntimas**

El programa *Empresas e Industrias* te va a hacer una entrevista en la radio, pero primero el entrevistador quiere saber algo de tu personalidad. Aquí está el cuestionario. Mira **¿Entiendes?** de esta unidad y contesta con honestidad.

- Rasgo principal de mi carácter ...........................................................................
- Cualidad que prefiero en el hombre ....................................................................
- Cualidad que prefiero en la mujer .......................................................................
- Mi principal defecto ............................................................................................
- Ocupación que prefiero en mis ratos libres .........................................................
- Mi sueño dorado .................................................................................................
- Para estar en forma necesito dormir ................ horas cada noche
- Mis escritores favoritos .......................................................................................
- Mi pintor favorito ...............................................................................................
- Mis músicos favoritos .........................................................................................
- Mi deporte favorito .............................................................................................
- Mis políticos favoritos ........................................................................................
- Héroes novelescos que más admiro .....................................................................

- Hecho histórico que prefiero ..................................................................................
- Comida y bebida que prefiero ..................................................................................
- Lo que más detesto ..................................................................................................
- Reforma que creo más necesaria ..............................................................................
- El don de la Naturaleza que desearía tener .............................................................
- Estado actual de mi espíritu ...................................................................................
- Faltas que me inspiran más indulgencia ..................................................................

**D   Encuesta: tiempo libre**

El mundo de los negocios requiere muchas horas de trabajo, pero el descanso es necesario si se quiere evitar el estrés. Para ello nada mejor que tener un pasatiempo. Dedicar algunas horas a la semana a algo que nos gusta, renueva nuestra energía y nos permite enfrentar los problemas con más claridad.

Aquí tienes un cuestionario para averiguar cuáles son los pasatiempos preferidos de tus compañeros.

Para realizar esta encuesta, primero tú eres el encuestador, haces las preguntas, y tu compañero, el entrevistado, las contesta. Después se cambian los papeles. Finalmente comprobar los resultados de toda la clase y hallar el resultado.

| ¿Cuál es tu pasatiempo preferido? | | ¿Qué música prefieres? | |
|---|---|---|---|
| Escuchar música | [  ] | Rock | [  ] |
| Tocar música | [  ] | Rock duro | [  ] |
| Bailar | [  ] | Pop | [  ] |
| Ver deportes | [  ] | Jazz | [  ] |
| Practicar deportes | [  ] | Música clásica | [  ] |
| Dibujar, pintar o cerámica | [  ] | | |
| Jugar con el computador | [  ] | | |

**¿Qué prefieres hacer cuando sales con tus amigos?**

Ir a un 'pub'                             [   ]
Ir a comer                                [   ]
Reunirse en la casa de alguien            [   ]
Ir a bailar                               [   ]
Ir al cine                                [   ]
Ir al teatro                              [   ]
Ver deporte                               [   ]
Hacer deporte                             [   ]

**¿Qué deporte te gusta más?**

Fútbol                                    [   ]
Tenis                                     [   ]
Baloncesto                                [   ]
Hockey                                    [   ]
Equitación                                [   ]
Jogging                                   [   ]
Atletismo                                 [   ]
Automovilismo                             [   ]
Remo                                      [   ]
Esquiar                                   [   ]

• • • • • • • • • • • • • • • • • • • • • • • • • • • • • • • • • • • • • • • • • • •

# *Algo de España*

## Los transportes

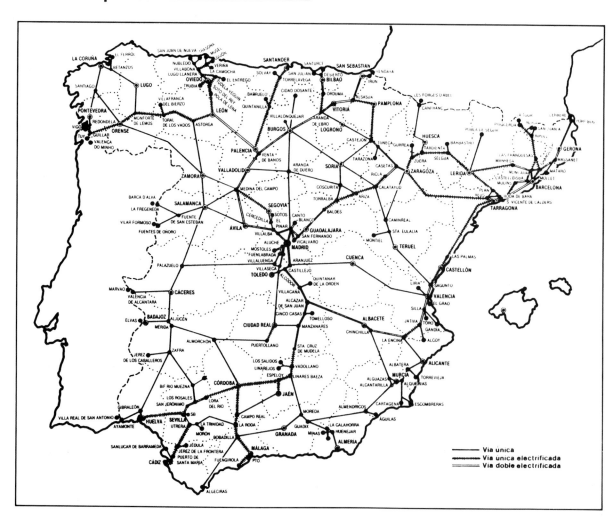

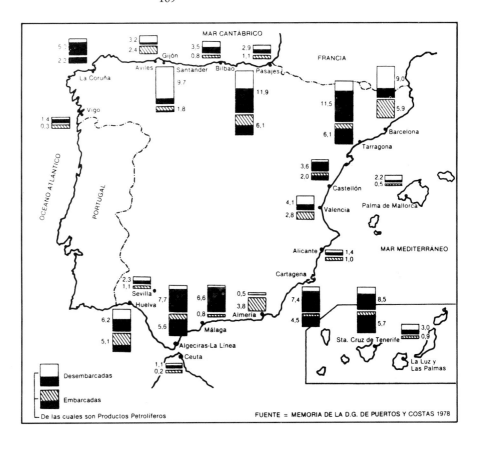

FUENTE = MEMORIA DE LA D.G. DE PUERTOS Y COSTAS 1978

Desembarcadas

Embarcadas

De las cuales son Productos Petrolíferos

- El desarrollo de la actividad económica está íntimamente ligado con los medios de transporte. Tres son los sistemas básicos de transporte. Los terrestres, que son la base de las actividades comerciales interiores, los marítimos, esenciales para los intercambios con el exterior y los aéreos, de poca importancia mercantil.

- Considerando el transporte interior, el primer puesto lo ocupa el transporte por carretera que absorbe el 72,8% del tráfico interior de mercancías y el 90,5% de los viajeros, seguido por el ferrocarril con el 6,8% del tráfico de mercancías y el 7,11% de viajeros. También tiene una relativa importancia la navegación de cabotaje con el 18,4% para mercancías, pero con una importancia mínima para el tráfico de viajeros, comparado con la aviación que se limita al transporte de pasajeros aunque con un nivel muy bajo respecto al total (2,36%).

- En España los ferrocarriles de pasajeros tienen fama de ser lentos. Sin embargo, en la actualidad hay trenes rápidos como el TER, el TALGO y el TAFF y para 1992 está prevista la inauguración del TAV, tren de alta velocidad, entre Madrid y Sevilla. La red de ferrocarriles españoles (RENFE), empresa estatal, tiene un trazado radial con su centro en Madrid, reflejando la primacía de la capital en el desarrollo de las vías de comunicación.

- Actualmente existen unos 2.000 km de autopistas y 176.000 km de autovías, y al igual que la red de ferrocarriles, el trazado es radial con la Puerta del Sol de Madrid como punto de partida. Consecuentemente las comunicaciones entre los diferentes puntos de la geografía española, no son las que se espera de un país desarrollado. Esto, combinado con el mal estado de las carreteras rurales, contribuye al desequilibrio en el desarrollo económico nacional.

- En España, con 5.821 km de costa entre la península y las islas, el transporte marítimo ocupa un lugar importante, domina prácticamente el transporte exterior de mercancías, mientras que la carretera y la aviación controlan el movimiento de pasajeros.

- Durante los años 60 el crecimiento de la aviación es notable. Las compañías aéreas cuentan con varias líneas regulares de viajeros y mercancías, siendo *Iberia* la compañía nacionalizada que domina en España.

## Contesta

1  ¿Cuál es el medio de transporte esencial para el comercio exterior?
2  ¿Cuál es el medio de transporte que tiene menos importancia mercantil?
3  ¿Qué medio de transporte tiene una incidencia mínima en el tráfico de viajeros?
4  ¿Cómo se llaman las principales compañías estatales de transporte?
5  ¿Qué factor de la red de carreteras y de ferrocarriles refleja la primacía de Madrid?

## Action checklist

*Before going on to Stage 8 make sure you can:*

- *express likes and dislikes*
  Me gusta el Hotel Europa
  No me gustan las reuniones largas
  Me encanta el norte de España

- *indicate preferences*
  Prefiero viajar en avión
  Mi deporte favorito es el tenis

- *make comparisons*
  Inglaterra está más poblada que España
  Pero no es tan grande como España

- *express ignorance and doubt*
  ¿Va a venir Juan a la reunión?
  Tal vez, pero no estoy seguro
  ¿Cómo se llama la nueva secretaria?
  No sé.

# 8

# El hotel sometido a prueba

---

*In Stage 8 you will learn to:*

- ask people to do things and give orders
- book into a hotel
- express a pure future

## ¿Entiendes?

---

Comunidad Económica Europea

Este pasatiempo gira en torno a la Comunidad Económica Europea. Le presentamos los 12 países de la CEE. ¿Puede identificarlas?

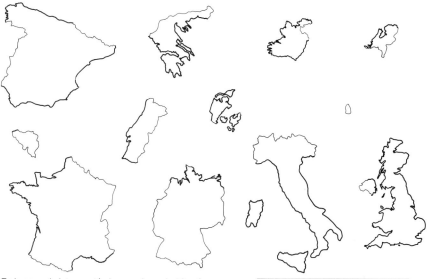

En la sopa de letras están los nombres de 16 países, incluso los 12 países de la CEE.

¿Puede encontrarlos?
¿Cuáles son los países que no son de la CEE?

Con las letras sobrantes deberá componer el titulo de este pasatiempo, sin que sobre ninguna letra.

|   |   |   |   | A |   |   |   |   |   |   |   |   |   |   |   |
|---|---|---|---|---|---|---|---|---|---|---|---|---|---|---|---|
|   |   |   |   | L | B |   |   |   |   |   |   |   |   |   |   |
| O | G | R | U | B | M | E | X | U | L | A |   |   |   |   |   |
| A | C | O | M | U | L | M | N | I | D | C |   |   |   |   |   |
| Ñ | A | D | G | E | A | U | S | T | R | I | A |   | I |   |   |
|   | A | I | C | O | N | I | R | L | A | N | D | A | T |   |   |
|   | C | P | N | I | O | M | I | M | C | A | E | A |   |   |   |
| A | C | O | S | T | A | D | E | M | A | R | F | I | L |   |   |
|   | R | U | E | F |   | A | A | N |   |   |   | I |   |   |   |
|   | T | G | R | E | C | I | A | I |   |   |   | A |   |   |   |
|   | U | R | O | D | C | C | P | D |   |   |   |   |   |   |   |
|   | G | E | R | E | I | N | O | U | N | I | D | O |   |   |   |
|   | A | A | U | R |   | A | H | O | L | A | N | D | A |   |   |
|   | L | S |   | A |   | R |   |   |   |   | D |   |   |   |   |
|   |   |   |   | L |   | F |   |   |   |   |   |   | I |   |   |
|   |   |   |   |   |   |   |   |   |   |   |   |   |   |   | A |

# Diálogo 1

Antonio Lorca Sandoval, director general de ventas de Clarasol llama por teléfono para anunciar su visita.

 Estudia estas frases antes de escuchar el diálogo en el casete.

Iré a buscarte
¿Vienes en avión, no?

*I'll go and pick you up*
*You're coming by plane, aren't you?*

| | |
|---|---|
| *Antonio Lorca:* | Hola Manuel, ¿cómo va todo? |
| *José Manuel Galán:* | Bien, bien, gracias. |
| *Antonio Lorca:* | Y Rosa y los niños, ¿cómo están? |
| *José Manuel Galán:* | Todos bien. Bueno, y por fin ¿vas a venir? |
| *Antonio Lorca:* | Sí, por eso te llamo. Iré a Vigo la semana que viene. Primero estaré en Madrid un par de días y luego voy a Portugal. Mira, resérvame una habitación para el miércoles ¿vale? |
| *José Manuel Galán:* | Vale. ¿Vienes en avión, no? ¿A qué hora llegarás? |
| *Antonio Lorca:* | Sí, el avión sale de Madrid a las once y media así que llegaré sobre las doce y cuarto. |
| *José Manuel Galán:* | Iré a buscarte. |
| *Antonio Lorca:* | No hombre, cogeré un taxi. |
| *José Manuel Galán:* | ¡Qué va! Iré a buscarte y comeremos juntos, conozco un lugar estupendo. |
| *Antonio Lorca:* | Vale, nos veremos el miércoles |

## Actividades

### A  Responde

1 ¿Cuándo va a ir Antonio Lorca a Vigo?

2 ¿Dónde estará antes de ir a Vigo?

3 ¿Cuánto tiempo estará allí?

4 ¿A dónde irá después de su visita a Vigo?

5 ¿A qué hora sale el avión de Madrid?

6 ¿Cuánto tiempo tarda el vuelo entre Madrid y Vigo?

7 ¿Qué hará José Manuel Galán?

### B  Repasa

Pon los verbos en la forma correcta. Usa el futuro.

1 La nueva compañía no ................. nada a estos precios.  (*vender*)

2 Las acciones ................. si la situación económica no mejora.  (*bajar*)

3 ¿Tú crees que el señor Barrantes ................. el nuevo presidente del Consejo de Administración.  (*ser*)

4 El gobierno ................. los impuestos el año que viene.  (*subir*)

5 Los sindicatos ................. un nuevo contrato laboral.  (*negociar*)

6 Nosotros ................. el pedido lo antes posible.  (*mandar*)

7 General Motors ................. una nueva fábrica en Valencia.  (*montar*)

8 Yo ................. pasado mañana.  (*volver*)

9 José ................. mucho más en su nuevo empleo.  (*ganar*)

10 La compañía no ................. responsabilidad por daños ocasionados durante el transporte.  (*aceptar*)

### C  Contesta o completa

Utiliza las expresiones dadas en cada bloque para contestar o completar las frases en la página siguiente.

---

lunes 10 mayo                          vie

10.30 - visitar gestoría.
12.00 - almorzar
2.00 - llamar oficina
central.

martes 12 mayo                         sáb

Ir a Sevilla

miércoles 13 mayo                      dor

Volver de Sevilla

jueves 14 mayo

---

| Mañana | Luego |
|--------|-------|
| Después | Pasado mañana |
| Más tarde | |

**1** Utiliza la página del diario que se encuentra en la página 113.

   **a** ¿Cuándo visitará la Gestoría?

   **b** ¿Qué hará después?

   **c** ¿Cuándo llamará a la oficina central?

   **d** Irá a Sevilla ................

   **e** Volverá ................

| La próxima semana | La semana ⎫ | |
|---|---|---|
| El próximo mes = | El mes ⎬ que viene | |
| El próximo año | El año ⎭ | |

**2 a** ¿Cuándo llegarán las nuevas secretarias?

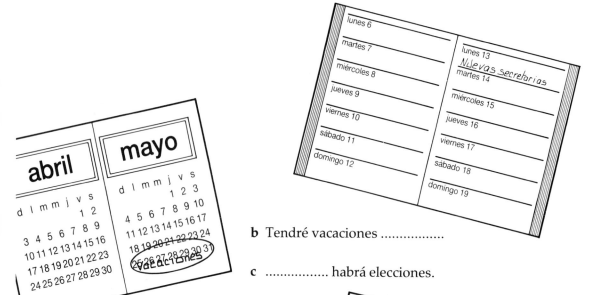

lunes 6
martes 7
miércoles 8
jueves 9
viernes 10
sábado 11
domingo 12

lunes 13
*Nuevas secretarias*
martes 14
miércoles 15
jueves 16
viernes 17
sábado 18
domingo 19

abril

d l m m j v s
1 2
3 4 5 6 7 8 9
10 11 12 13 14 15 16
17 18 19 20 21 22 23
24 25 26 27 28 29 30

mayo

d l m m j v s
1 2 3
4 5 6 7 8 9 10
11 12 13 14 15 16 17
18 19 20 21 22 23 24
25 26 27 28 29 30 31
*Vacaciones*

**b** Tendré vacaciones ................

**c** ................ habrá elecciones.

1991 / 1992 / 1993
*elecciones*

| Dentro de | una hora |
|---|---|
| | una semana |
| | un mes |
| | un año |

**3** Son las 10 de la mañana del 16 de marzo de 1.991.

  **a** ¿Cuándo saldrá el avión?       (Sale a las 11 de la mañana)

  **b** Recibiremos los repuestos ................       (Fecha de entrega 23 de marzo)

**c** ¿Cuándo tenemos que pagar?                   (Pagadero a 30 días)

**d** ¿Cuándo tendré el aumento de sueldo?         (En 1.992)

### D   ¿Qué signo eres?

**Aries**   *21 marzo–20 abril*
Evita gastos excesivos y superarás un periodo difícil porque
pronto cambiarás el trabajo. Te ayudará alcanzar nuevas
metas a la larga.

**Tauro**   *21 abril–20 mayo*
Muchos planetas en tu casa X indican que estarás muy
ocupado en tus actividades laborales. Tendrás una reunión
importante que solucionará tus perspectivas económicas.

**Géminis**   *21 mayo–21 junio*
Una asociación o cooperación inesperada te dará frutos
abundantes. Seguirás un periodo muy creativo y todos tus
proyectos saldrán.

**Cáncer**   *22 junio–22 julio*
Habrá luna llena en tu signo. Tendrás que andar con cuidado
y deberás prestar mucha atención a tu salud. Tomarás una
decisión sobre un tema económico importante pero las cosas
se arreglarán.

**Leo**   *23 julio–23 agosto*
Debes vigilar tus gastos o no dispondrás de liquidez
suficiente. Podrás tomar una decisión importante sobre
alguna inversión con beneficios a largo plazo.

**Virgo**   *24 agosto–21 septiembre*
Intervendrás de forma decisiva en un conflicto laboral y
gracias a tu buena información y manejo de datos serás tú
quien salvará la situación. Sin embargo debes actuar con
cuidado o arriesgarás todo.

**Libra**   *22 septiembre–22 octubre*
Podrás recibir ayuda de personas que desean verte triunfar.
Realizarás un viaje muy provechoso y harás contactos
profesionales que tendrán un efecto duradero.

**Escorpio**   *23 octubre–21 noviembre*
Te sentirás más seguro de ti mismo y podrás realizar una
buena operación. Recibirás el reconocimiento que mereces.
No debes realizar cuantiosos gastos ahora porque las
consecuencias económicas serán adversas.

**Sagitario**   *22 noviembre–22 diciembre*
Habrá una expansión de los intereses o actividades
profesionales pero controlarás mal las posibilidades. Como
estarás más proyectado en el futuro evitarás los problemas del
presente.

***Capricornio***   *23 dicembre–21 enero*
Deberás evitar correr riesgos innecesarios ya que la luna llena estará en oposición a tu signo. Podrás contar con las personas que conoces pero tendrás que afrontar problemas en asuntos relacionados con la economía y la profesión, solo.

***Acuario***   *22 enero–19 febrero*
Tus objetivos no serán claros y necesitarás más el contacto con los demás. Tendrás que replantearte tus intereses profesionales y tu jefe y tus compañeros de trabajo se preocuparán por ti.

***Piscis***   *20 febrero–20 marzo*
Te encontrarás en una situación económica realmente difícil pero los amigos te ayudarán superar el bache. No se arrepentirán. Harás una inversión fabulosa y ganarás una verdadera fortuna.

Lee el horóscopo y averigua a qué signo pertenecen las siguientes predicciones:

- habrá luna llena en tu signo.
- realizarás un viaje muy provechoso.
- debes evitar gastos excesivos.
- tendrás gente preocupándose por ti.
- podrás recibir el reconocimiento que mereces.
- sabrás manejar la información y los datos que tienes.
- los amigos te ayudarán.
- tendrás una reunión muy importante.
- tomarás una decisión que te aportará beneficios a largo plazo.
- estarás pensando en el futuro.
- una asociación te dará frutos abundantes.
- estarás solo con los problemas económicos y profesionales.

**E   Completa**

Vuelve a leer el horóscopo y termina las siguientes frases poniendo el verbo en la primera persona del singular.

Ejemplo:   (Te sentirás) más seguro de ti mismo.
   *Me sentiré* más seguro de mí mismo.

**1** (Superarás) .......................................................................................................................................

**2** (No dispondrás) ..............................................................................................................................

**3** (Harás) .................................................................................................................................................

**4** (Estarás muy) ...................................................................................................................................

**5** (Intervendrás) .................................................................................................................................

**6** (Controlarás) ...............................................................................................

**7** (Tomarás) ...................................................................................................

**8** (Necesitarás) ...............................................................................................

**9** (Deberás) ...................................................................................................

**10** (Seguirás) ...................................................................................................

**11** (Podrás recibir) ...........................................................................................

## Diálogo 2

Pilar Vázquez y José Manuel Galán hablan sobre la nueva propuesta del Hotel Europa.

Estudia estas frases antes de escuchar el diálogo en el casete.

| | |
|---|---|
| un descuento del 15% | *a 15% discount* |
| No puedo prometer nada | *I can't promise anything* |
| No tendrá ninguna queja | *You won't have any complaints* |
| No lo niego | *I can't deny it* |
| Eso es | *That's it, that's right* |

| | |
|---|---|
| *José Manuel Galán:* | Y bien, dígame. |
| *Pilar Vázquez:* | Mi propuesta es un descuento del 15% sobre la tarifa del alquiler de la sala Vigo. |
| *José Manuel Galán:* | Su oferta me parece muy interesante, pero ¿cuál será el compromiso por parte de Clarasol? |
| *Pilar Vázquez:* | Por su parte ustedes se comprometerán a recomendar nuestro hotel a sus representantes y clientes. Además nos asegura que las |

próximas convenciones o conferencias se celebrarán en el Hotel Europa.

*José Manuel Galán:* Comprenderá que no puedo prometer nada sin probar el producto primero.

*Pilar Vázquez:* Por supuesto, pero puedo asegurarle que no tendrá ninguna queja. Es más, comprobará que nuestra oferta es muy competitiva.

*José Manuel Galán:* El descuento hace su oferta muy atractiva, no lo niego. Sin embargo, habrá que comprobar si el Hotel Europa reune las condiciones que exigimos.
Como nuestro director general de ventas vendrá a Vigo la próxima semana, es la persona idónea para juzgar ya que viaja constantemente y sabe apreciar un buen hotel.

*Pilar Vázquez:* Y usted quiere hacer una reserva para él en el Hotel Europa ¿no?

*José Manuel Galán:* Eso es.

## Actividades

### A  Responde

1 ¿Qué descuento ofrece Pilar Vázquez a José Manuel Galán?

2 ¿Qué dos cosas tiene que hacer Clarasol para conseguir el descuento?

3 ¿Qué quiere hacer José Manuel Galán antes de comprometerse?

4 ¿Quién irá a Vigo la próxima semana?

5 ¿Por qué es la persona idónea para juzgar el hotel?

### B  Resumen

**TRABAJO**

## Reto de futuro

**Nuevos programas de formación ocupacional dirigidos a mujeres que intentan reintegrarse al mundo del trabajo, o desean ingresar en el mercado laboral por vez primera en edades tardías.**

Organizaciones empresariales y sindicatos van a desarrollar cursos de formación destinados a mujeres mayores de veinticinco años que, después de un período de tiempo de cinco años como mínimo —contados desde la finalización del último contrato—, intenten reintegrarse en el mercado laboral de nuevo. Los objetivos de estos cursos son el reciclaje profesional de la mujer, la actualización y perfeccionamiento de sus conocimientos ante las nuevas demandas y exigencias del mundo laboral. Se prestará especial atención al colectivo de mujeres que poseen un bajo nivel de cualificación profesional por no haber tenido oportunidades. También tendrán preferencia aquellas que padecen problemas debido a una situación familiar difícil o irregular. Las alumnas que deseen matricularse en estos cursos recibirán ayudas económicas especificadas en el Plan Nacional de Formación e Inserción Profesional. Más información en el Instituto Nacional de Empleo (Condesa de Venadito, 9, 28027 Madrid. Telf.: 91/585 98 50), o en el Instituto de la Mujer (Almagro, 36, 28010 Madrid. Telf.: 91/347 79 08).

Lee el artículo *Reto de Futuro* y prepara un resumen de unas 30 palabras.

**C   Se busca**

Aquí están las definiciones de algunas palabras que aparecen en el artículo. ¡Búscalas!

Ejemplo:  Perfeccionar, mejorar, aumentar, promover.
                  *desarrollar*

**1** Término, conclusión.

**2** Pacto entre dos o más personas.

**3** Entrar nuevamente, volver a hacer algo.

**4** Mundo del trabajo.

**5** Persona que realiza su trabajo por dinero; lo contrario de aficionado.

**6** Ocasiones que ofrecen una posibilidad; condiciones ventajosas.

**7** Sufren, soportan.

**8** Estudiantes.

**9** Apoyos, subvenciones.

**D   Y ahora**

Existen actitudes diferentes frente a los hombres y a las mujeres en el trabajo. Mira estas dos columnas.

| El | Ella |
|---|---|
| • Tiene colocada sobre su mesa las fotos de su esposa e hijos. *Es un hombre responsable que se preocupa por su familia.* | • Tiene colacada sobre su mesa las fotos de su esposo e hijos. *¡Hum! Su familia tendrá prioridad sobre su carrera.* |
| • Su escritorio está lleno de papeles. *Se nota que es una persona ocupada, siempre trabajando.* | • Su escritorio está lleno de papeles. *Es una desordenada.* |
| • Está hablando con sus compañeros de trabajo. *Seguro que está discutiendo nuevos proyectos.* | • Está hablando con sus compañeras de trabajo. *Seguro que está cotilleando.* |
| • No se encuentra en su despacho. *Debe estar en una reunión.* | • No se encuentra en su despacho. *Estará en el tocador.* |

- Se va a casar.
  *Eso le estabilizará.*

- Va a tener un hijo.
  *Necesitará un aumento de sueldo.*

- Se va. Tiene un trabajo mejor.
  *Hace bien en aprovechar la oportunidad.*

- Se va a casar.
  *Pronto se quedará embarazada y dejará el trabajo.*

- Va a tener un hijo.
  *Le costará a la empresa la maternidad.*

- Se va. Tiene un trabajo mejor.
  *No se puede confiar en las mujeres.*

### ¿Qué crees?

¿Hasta qué punto crees que son acertados los comentarios?
¿Cuál es la actitud de la mayoría de los hombres hacia las mujeres?
¿Hay igualdad en el trabajo entre los hombres y las mujeres?
¿Por el mismo trabajo reciben el mismo sueldo?
Si los dos trabajan, ¿se deben repartir los trabajos domésticos?
¿Crees que el lugar de la mujer es el hogar?
¿Es la mujer más competente para cuidar de los hijos que el hombre?
¿Cuándo habrá igualdad de derechos entre el hombre y la mujer?

## Diálogo 3 _____

Carmen Bravo tiene mucho que hacer.

Estudia estas frases antes de escuchar el diálogo en el casete.

| ¿Para cuándo? | *When for?* |
| declaración de la renta | *income tax return* |

| | |
|---|---|
| *José Manuel Galán:* | Tengo que salir y hay muchas cosas que hacer. Lo más importante, llame al Hotel Europa y reserve una habitación para el señor Lorca. |
| *Carmen Bravo:* | ¿Para cuándo? |
| *José Manuel Galán:* | Para el próximo miércoles. Prepare el análisis de las ventas del último periodo. No olvide avisar al mensajero pues tiene que llevar mi declaración de la renta a Hacienda. ¡Ah! y llame a mi esposa y dígale que llegaré tarde. |
| *Carmen Bravo:* | ¿Para cuántas noches hago la reserva? |
| *José Manuel Galán:* | Pues . . . No lo sé. Llame a Sevilla y pregunte. |
| *Carmen Bravo:* | De acuerdo. ¡A propósito! Recuerde que mañana a las nueve los auditores estarán aquí. |
| *José Manuel Galán:* | Ya lo sé. |

## Actividades

### A  Responde

**1** ¿A dónde tiene que llamar Carmen Bravo?

**2** ¿Para qué?

**3** ¿Cuándo llegará el señor Lorca?

**4** ¿Qué tiene que preparar Carmen?

**5** ¿Quién tiene que llevar la declaración de la renta?

**6** ¿A dónde tiene que llevarla?

**7** ¿Por qué tiene que llamar Carmen a la esposa del señor Galán?

**8** ¿Quiénes estarán en la oficina mañana a las nueve?

### B  Conexiones

Lee el diálogo otra vez y relaciona las dos columnas.

| | |
|---|---|
| Reserve | el análisis de las ventas. |
| Prepare | al mensajero. |
| Recuerde | a mi esposa. |
| Llame | una habitación. |
| Avise | la visita de los auditores. |

# NORMAS DE PROTECCION CIVIL

Actúe con orden y serenidad. No corra ni grite. Recuerde que con sangre fría puede salvar su vida y la de los demás. Demuestre que tiene sentido común y sensatez, y, si es necesario, imponga su autoridad a los demás.

- Si el fuego prende a otro, cúbralo totalmente con una manta.

- Estudie las vias para la evacuación.

- Si su camino está invadido por el humo. **vuelva por donde ha venido.**

- **No utilice los ascensores;** puede haber un corte de fluido eléctrico durante el incendio.

- Avance **agachado o a gatas.**

- Avance **pegado a la pared.**

- Tapone las rendijas con toallas o sábanas húmedas.

- **Prevéngase:** Localice las salidas de urgencia

- Si ha de salir y hay humo, respire a través de un **panuelo húmedo**

- Si detecta humo o fuego avise a conserjería.

- **Si el fuego prende sus ropas, no corra. Tírese al suelo y ruede** sobre si mismo

- Si hay humo fuera, no salga y cierre la puerta.

Coloca a cada dibujo la frase adecuada.

**C    Practica**

Trabaja en parejas. Uno es el bombero que tiene que dar las instrucciones a otro que se encuentra dentro del edificio.

Ejemplo:   ○  Hay humo fuera.
         ●  No salga y cierre la puerta.

1  ○  Tengo que bajar al piso inferior.
   ●  No ....................................................................................

2  ○  Tengo que salir de la habitación y hay humo.
   ●  ........................................................................................

3  ○  Mi camino está invadido por el humo.
   ●  ........................................................................................

4  ○  ¿Cómo debo avanzar?
   ●  ........................................................................................

5  ○  Mi ropa está ardiendo.
   ●  ........................................................................................

6  ○  ¿Cómo debo actuar?
   ●  ........................................................................................

**D    Cómo hacer una carrera brillante**

Lee el artículo y haz los ejercicios.

# Cómo hacer una carrera brillante

TENER siempre en mente un plan de carrera es imprescindible para todo hombre de negocios. Si no planifica sus objetivos y aspiraciones, su rendimiento y profesionalidad pueden verse mermados.

Tome las riendas y decida qué es lo más importante para usted.

Pero, como alcanzar la meta se hace más difícil a medida que se acerca a la cumbre, procure mantener un ritmo de crecimiento que le permita no estancarse.

Con la ayuda de la consultora Ernst & Young, le detallamos algunas ideas útiles para no perder el control sobre su trayectoria profesional.

**Crear la imagen idónea**

● Construya un equipo fuerte para complementar sus aptitudes y delegue en él asignaciones cruciales para el éxito de su empresa. Cerciórese de que los resultados se difunden para que su trabajo y el de sus colaboradores goce del merecido reconocimiento.

● Desarrolle amistades con los profesionales de los medios de comunicación. A pesar del antagonismo aparente, pueden ser un arma útil para avanzar en su carrera.

● Nunca desprecie públicamente a sus competidores cuando aspira a una posición más importante en su empresa. Con tal estrategia, más que convencer a los demás de que es la persona idónea para el puesto, se demuestra falta de educación y de ética.

● Respalde el trabajo de los directivos más jóvenes. Son ellos quienes tienen el futuro de la empresa en sus manos.

## Controle su trayectoria

● Sea realista con sus ambiciones. No se empeñe en aspirar a puestos que no son los apropiados a sus habilidades. La ambición excesiva sólo genera frustración.

● Infórmese. Lea todo lo que pueda sobre su industria y discuta sus puntos de vista con expertos.

● Siga de cerca los resultados de su empresa. Por ejemplo, la cotización de acciones en bolsa.

● Desarrolle una red de información propia para mantenerse al día de su reputación.

## Llegar a la cumbre

● Reclute a personas capaces y eficientes que posean las cualidades de las que usted carece.

● Sea leal a su empresa, pero no ponga en peligro su carrera.

● Descubra los valores de cada nivel de la organización y conjugue sus objetivos con ellos.

## Permanecer en la cumbre

● Involucre a sus colegas y subordinados en las metas de la empresa para aunar esfuerzos.

● Evite hacerse cargo de los proyectos marginales. Concéntrese en los temas centrales de su negocio.

## Cambio de empleo

● Considere seriamente la posibilidad de completar sus conocimientos con experiencias en un sector o país distinto. Cambiar de profesión a lo largo de su carrera puede ser beneficioso. Le ampliará horizontes.

● Actualice con regularidad sus valores y objetivos principales. Por norma general, se modifican a medida que se progresa profesionalmente.

● Resulta conveniente cambiar de empleo cuando se ha ascendido demasiado rápido o cuando su talento no recibe el debido reconocimiento dentro de su empresa. ■

Pon los verbos que faltan en la forma correcta e indica la forma del infinitivo al final de la respuesta.

Ejemplo: ................ el trabajo de los directivos más jóvenes. (................)
*Respalde* el trabajo de los directivos más jóvenes. (*respaldar*)

1 ................ realista con sus ambiciones. (................)

2 ................ amistades con los profesionales de los medios de comunicación. (................)

3 ................ de cerca los resultados de su empresa. (................)

4 ................ hacerse cargo de los proyectos marginales. (................)

5 ................ todo lo que pueda sobre su industria y ................ sus puntos de vista con expertos. (................/ ................)

6 ................ con regularidad sus valores y objetivos principales. (................)

7 ................ leal a su empresa, pero no ................ en peligro su carrera. (................/................)

8 ................ seriamente la posibilidad de completar sus conocimientos con experiencias en un sector o país distinto. (................)

9 Nunca ................. públicamente a sus competidores cuando aspira a una posición más importante en su empresa. .................

10 ................. los valores de cada nivel de la organización y ................. sus objetivos con ellos. (................/ .................)

**E    Practica**

Lee el artículo otra vez y contesta a las siguientes preguntas.

Ejemplo:  ¿Por qué debo respaldar el trabajo de los directivos más jóvenes?
Porque son ellos quienes tienen el futuro de la empresa en sus manos.

1 ¿Por qué no debo aspirar a puestos que no son apropiados a mis habilidades?

2 ¿Cómo debo actuar ante un competidor cuando aspira a una posición importante en mi empresa?

3 ¿Quiénes pueden ser un arma útil para avanzar en mi carrera?

4 ¿Qué debo hacer si mi trabajo no recibe el debido reconocimiento dentro de mi empresa?

5 ¿Por qué debo considerar la posibilidad de complementar mis conocimientos en un sector o país distinto?

# Diálogo 4

Una semana más tarde, Antonio Lorca y José Manuel Galán están en el Hotel Europa.

 Estudia estas frases antes de escuchar el diálogo en el casete.

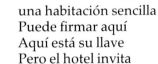

| | |
|---|---|
| una habitación sencilla | *a single room* |
| Puede firmar aquí | *Will you sign here* |
| Aquí está su llave | *Here is your key* |
| Pero el hotel invita | *But it's on the house* |

| | |
|---|---|
| *Antonio Lorca:* | Buenas tardes, tengo una habitación reservada. |
| *Recepcionista:* | ¿A nombre de quién, por favor? |
| *Antonio Lorca:* | Antonio Lorca. |
| *Recepcionista:* | A ver, sí, una habitación sencilla con baño. Para una noche, ¿verdad? |
| *Antonio Lorca:* | Sí eso es. |
| *Recepcionista:* | ¿Puede firmar aquí, por favor? Gracias, aquí está su llave. |

| José Manuel Galán: | Y por favor, avise a la señorita Vázquez que estamos aquí. La esperaremos en la cafetería. |
| | *(Unos minutos después en la cafetería)* |
| Pilar Vázquez: | Señor Galán, Buenas tardes. |
| José Manuel Galán: | ¡Ah! Señorita Vázquez. Mire, le presento al señor Lorca, nuestro director general de ventas. |
| Pilar Vázquez: | Encantada. |
| Antonio Lorca: | Mucho gusto. |
| Pilar Vázquez: | Espero que su estancia entre nosotros sea de su agrado. |
| Antonio Lorca: | Muchas gracias. ¿Quiere tomar algo? |
| Pilar Vázquez: | Sí gracias, un fino por favor. Pero el hotel invita. |

## Actividades

**A  Responde**

   1  ¿Qué tipo de habitación tiene el señor Lorca?

   2  ¿Cuántas noches estará en el hotel?

   3  ¿Qué tiene que hacer la recepcionista?

   4  ¿Dónde van a esperar a la señorita Vázquez?

   5  ¿Qué quiere tomar Pilar Vázquez?

**B  Repasa**

En la compañía CERSA van a celebrar un Consejo de Administración y la secretaria de Don Federico Andrade encuentra en su contestador automático las instrucciones para la convocatoria de la Junta. Escucha el diálogo en el casete y rellena los blancos en el siguiente texto.

*Don Federico Andrade:* Hola Susana. ................., no puedo ir a oficina esta mañana pero hay que hacer los preparativos para la reunión. ................ y ................ nota. ................ al Consejo de Administración para el día 12. ................ que nos reunimos en la Sala de Juntas como siempre. ................ la última orden del día en el archivador que está a la derecha y ................ la nueva con los puntos a tratar. ................ una copia a cada uno de los convocados y, de paso, ................ que confirmen la asistencia. ................ también la introducción del informe económico que encontrarás en el primer cajón de la izquierda de mi escritorio. ................la en el cajón de nuevo, por favor, y ¡................ con llave! ¡Oh! y ................ al señor Montenegro que quiero verle en mi oficina hoy a las cuatro. Eso es todo. Estaré ahí sobre las tres y media. Adios.

## C Y ahora

Cambia las siguientes frases a la forma imperativa (informal) utilizando *lo/la/los/las*.

Ejemplos: Tengo que llamar a Juan.　　　Tengo que enviar las
　　　　　 *Llámalo* ahora.　　　　　　　 cartas pronto.
　　　　　　　　　　　　　　　　　　　　 *Envíalas* mañana.

**1** Tengo que cobrar el cheque en el Banco Exterior.
................................ al salir del trabajo.

**2** Tengo que escribir la conclusión del informe.
................................ esta tarde.

**3** Tengo que poner la nueva fotocopiadora en el despacho del señor Pérez, pero está cerrado.
................................ en mi oficina mientras tanto.

**4** Tengo que avisar a los clientes de los nuevos precios.
................................ ahora mismo.

**5** Tengo que reservar las habitaciones.
................................ mañana por la mañana.

**6** Tengo que hacer una traducción para el señor Prego.
................................ en el procesador de textos.

**7** Tengo que visitar a un cliente.
................................ después del almuerzo.

**8** Tengo que leer estos informes antes de terminar el trabajo.
................................ esta noche en casa.

**9** Tengo que entregar la nómina al jefe de personal.
................................ al salir.

**10** Tengo que firmar el contrato y no tengo bolígrafo.
................................ con mi pluma.

**D   Practica**

Estudia la explicación de números, signos y símbolos y decide dónde se alojarán en cada uno de los siguientes casos.

1   Quiere estar en un hotel de categoría con su esposa. Les gustan los deportes y están viajando con su perro. Quieren estar cerca de la playa. Irán durante la Semana Santa y estarán 3 días. Tomarán todos los desayunos en el hotel pero comerán y cenarán fuera.

¿Qué hotel eligen?
¿Cuánto les cuesta por día?
¿Cuánto les cuesta estar allí los tres días?

2   Quieres pasar dos noches en marzo en la ciudad en un sitio céntrico. Necesitas estar cerca de la estación y quieres tener un televisor en tu habitación. No desayunarás en el hotel. Te gusta jugar al tenis y después ir a la sauna.

¿Qué hotel eliges?
¿Cuánto cuesta por día?
¿Cuánto te costará en total?

3   Estás viajando y necesitas estar en un hotel céntrico por una noche. No estás muy bien de salud y tu médico te aconseja practicar un deporte suave como el golf. Necesitas estar seguro de que habrá un médico en el hotel. Te gusta escuchar la radio antes de acostarte. Desayunarás en el hotel. Estarás allí en mayo.

¿Qué hotel eliges?
¿Cuánto te costará?

4   Tienes que estar en la ciudad durante una semana en septiembre. No puedes pagar más de 6.500 ptas. por noche pero necesitas los servicios de un salón de belleza y de un gimnasio. No vas a desayunar en el hotel.

¿Qué hotel eliges?
¿Cuánto te costará?

---

**ALOJAMIENTOS HOTELEROS**

EXPLICACION DE NUMEROS, SIGNOS Y SIMBOLOS

1.   **Grupo y categoría:**
H: Hotel. HR: Hotel Residencia. HA: Hotel Apartamentos. RA: Residencia Apartamentos. M: Motel. Hs: Hostal. P. Pensión. HsR: Hostal Residencia. (R: El establecimiento no presta servicio de comedor, aunque pueda facilitar el desayuno, así como los servicios propios de cafetería). Modalidad:
Py: Playa. AM: Alta montaña. B: Balneario.
2.   **Nombre de la localidad.** (c): Capital de la provincia. Nombre de establecimiento y signos distintivos de sus servicios, dirección urbana, teléfono, dirección telegráfica y télex.

1. Sitio céntrico. 2. Sitio pintoresco. 3. Ascensor. 4. Bar. 5. garaje. 6. Cambio moneda. 7. Salón convención. 8. Piscina. 9. Golf. 10. Mini Golf. 11. Pista Tenis. 12. Edificio Hist-Art. 13. Jardín. 14. Bolera. 15. Servicio médico. 16. Bus/Est. Aeropuerto. 17. Sala Fiestas. 18. Peluquería señoras. 19. Salón belleza. 20. Sauna gimnasio. 21. Tiendas. 22. Surtidor gasolina. 23. Aire acond. salones. 24. Aire acond. comedor. 25. Aire acond. habitación. 26. Admite perros. 27. Radio en habitación. 28. T.V. en habitación. 29. Calefacción. 30. Teléf. en habitación. 31. Habt. con salón o suites. 32. Habt. para mecánicos.33. Juego menor Bingo. 34. Juego mayor Casino. 35. Playa privada. 36. Embarcadero. 37. Frontón. 38. Tiro al blanco. 39. Equitación. 40. Piscina climatizada. 41. Piscina infantil. 42. Pista de esquí. 43. Pista de hielo. 44. Cine. 45. Sala de lectura. 46. Guardería. 47. Capilla. 48. Perrera. 49. Baños medicinales. 50. Parque infantil. 51. Terraza general. 52. Peluquería caballeros. 53. Música amb. habitación. 54. Custodia valores. 55. Caja fuerte individual. 56. Boutique. 57. Acceso esp. minusválidos. 58. Traducción simultánea.

| GRUPO CATEGORIA MODALIDAD | ESTABLECIMIENTO | TEMPORADA ALTA MEDIA BAJA | N.º DE HABITACIONES | HABITACION DOBLE Baño | HABITACION DOBLE Lavabo | DESAYUNO | COMIDA O CENA |
|---|---|---|---|---|---|---|---|
| 1 | 2 | 3 | 4 | 5 | 6 | 7 | 8 |
| HR ★★★★ | **Ciudad de Vigo. 1, 2, 4, 5, 6, 7, 8, 11, 12, 13, 16, 18, 19, 20, 21, 24, 25, 26, 28, 32** Concepción Arenal, 5. Telf.: 43 52 33. Télex: 83307 HCVI D.ª Delfina Cendón Orge | SS. 1/8--31/8 1/9-31/12 1/1-30/6 | 126 | 10.800 9.300 9.000 | | 650 | |
| HR ★★★★ | **Coia. 1, 4, 5, 7, 8, 9, 10, 11, 12, 15, 16, 18, 19, 20, 21, 23, 24, 25, 26, 27, 32, 34** Sanxenxo, s/n. Telf.: 20 18 20. Télex: 83462 HRCYE Inmobiliaria Coya, S.A. | 1/8-31/8 1/9-30/9; SS. 1/7-31/7 1/10-30/6 | 126 | 10.200 7.800 7.150 | | 550 | |
| H ★★★★ Py | **Gran Hotel Samil. 2, 4, 5, 6, 7, 9, 13, 15, 16, 17, 18, 19, 20, 21, 24, 25, 26, 27, 28, 32, 34, 35, 37, 41, 42** Playa de Samil, 15. Telf: 20 52 11. Télex: 83 26 30 TELE. Telf. 23 35 30 D.ª Mercedes Seguín Cid | 1/8-31/8 SS. 16 7-31/7; 1/9-30/9 1/1-30/6; 1/10-31/12 | 137 | 10.745 9.133 6.984 | | 670 | 2.681 |
| HR ★★★ | **Ensenada. 1, 4, 7, 9, 13, 18, 19, 21, 24, 26, 29, 32** Alfonso XIII, 7. Telf.: 22 61 00. Télex: 83561 TELE D. Jaime Ripoll Pizá | 1/7-30/9 SS.; 1/4-30/6; 1/10-31/10 1/1-31/3; 1/11-31/12 | 109 | 7.200 5.700 5.100 | | 500 | |
| HR ★★★ | **Ipanema. 1, 4, 7, 11, 16, 19, 20, 21, 24, 25, 26, 32** Vázquez Varela, 31. Telf.: 47 13 44 D. Felipe Cuadrado del Amo | 1/7-30/9 1/10-30/6 | 60 | 7.500 6.000 | | 500 | |
| H ★★★ | **Lisboa. 1, 7, 13, 16, 21, 24, 25, 32** Urzáiz, 50. Telf.: 41 72 55. Télex: 83736 HLISB-E D. Marcial Escudero García | SS. 1/7-30/9 1/3-30/6; 1/10-31/10 1/1-28/2; 1/11-31/12 | 93 | 8.000 6.300 5.950 | 7.200 5.800 5.100 MB | 500 | 1.500 |
| HR ★★★ | **México. 1, 4, 6, 7, 9, 16, 19, 20, 24, 25, 26, 27, 32** Vía Norte, 10. Telf.: 43 16 66. Télex: 83321 México, S.A. | SS. 1/7-30/9 1/5-30/6 1/10-30/4 | 112 | 7.265 6.150 5.390 | | 480 | |
| HR ★★ | **Almirante. 1, 7, 20, 21, 24** Queipo de Llano, 13. Telf.: 22 39 07 D. Enrique Vázquez Vázquez | SS. 1/7-30/9 1/10-30/6 | 31 | 6.500 6.000 | 6.000 5.500 MB | 425 | |
| HR ★★ | **García Lorca** c/. Aragón, 22. Telf. 37 57 59 D. Enrique Vázquez Pérez | SS 1/7-30/9 Resto del año | 8 | 6.500 6.000 | | 425 | |
| HR ★★ | **América. 1, 7, 19, 24, 32** Pablo Morillo, 6. Telf.: 43 89 22 D. Emilio López Trasancos | SS. 1/7-30/9 1/10-31/10; 1/4-30/6 1/11-31/3 | 56 | 6.000 4.500 4.000 | MB | 300 | |
| HR ★★ | **Celta. 1, 7, 13, 19, 24** México, 22. Telf.: 41 46 99 D. Alejandro Martínez Mariño | 1/7-31/8. SS 1/4-30/6; 1/9-31/10 1/1-31/3; 1/11-31/12 | 45 | 5.500 4.300 3.500 | 5.400 4.200 3.400 MB | 350 | |
| HR ★★ | **Estación. 1, 2, 6, 7, 24** Alfonso XIII, 43. Telf.: 43 89 11 D. Manuel Morgade Moreira | SS. 15/7-15/9 16/9-14/7 | 22 | 5.500 4.500 | 5.300 4.500 | MB | |
| HR ★★ | **Galicia. 1, 2, 7, 9, 18, 19, 20, 21, 24, 25, 26, 32** Colón, 11. Vigo. Telf.: 43 40 22 /32 D. Amindo Garrido Pérez | SS. 1/7-30/9 1/10-30/6 | 53 | 6.100 4.800 | | 500 | |
| H ★★ | **Junquera. 1, 2, 7,, 18, 19, 24, 32** Uruguay, 19.Telf.: 43 48 88 D. Cástor Domínguez Martínez | SS. 1/7-31/8 1/9-30/6 | 35 | 5.200 3.500 | 5.000 3.200 MB | 325 | 900 |
| HR ★★ | **Nilo. 1, 7, 9, 24, 25, 26, 27, 32** Marqués de Valladares, 8. Telf.: 43 28 99 D. Ramón Alonso Blanco | 1/7-15/9 1/6-30/6; 16/9-31/10 1/1-31/5; 1/11-31/12 | 52 | 6.100 5.250 4.400 | | 400 | |
| HR ★ | **Aguila, El. 1, 16** Victoria, 6. Telf.: 43 13 98 D. Modesto Caride Blanco | SS. 1/7-30/9 1/10-30/6 | 17 | 3.500 3.000 | | 275 | |
| HR ★ | **Arias. 1, 6, 7, 9, 24, 32** Lepanto, 6. Telf.: 22 34 03 D.ª Hilda Crespo Rodríguez | 1/8-31/8 1/3-31/7; 1/9-31/12 1/1-31/3 | 24 | 3.700 3.100 2.800 | | 200 | |

3. **Temporadas.**
Períodos de funcionamiento del establecimiento: Alta, Media, Baja.
N = Navidades
SS = Semana Santa
FL = Fiestas Locales (Variables)
**HABITACIONES**
4. **Número de habitaciones.**
5. **Precios en habitaciones dobles con baño.**
6. **Precios en habitaciones dobles con lavabo**
Excepcionalmente, algunos precios corresponden a otros tipos de habitaciones:
MB = Doble, con medio baño.
DL = Doble, con ducha-lavabo.
S = Sencilla (individual).
El precio de la habitación individual oscila entre el 60 y 70% del de la doble.

**COMIDAS**
7. **Precio del desayuno.**
8. **Precio de la comida o cena:**
Si figuran dos precios, el segundo corresponde a la cena.
El precio de la pensión alimenticia no puede ser superior al 85% del de la suma de los servicios sueltos (desayuno + comida + cena).
**MUY IMPORTANTE**
El Impuesto sobre el Valor Añadido (I.V.A.), implantado en España el primero de Enero de 1986, grava los precios de los alojamientos en un 6%, excepto los Hoteles de 5 estrellas, en los que el I.V.A. es del 12%.

●●●●●●●●●●●●●●●●●●●●●●●●●●●●●●●●●●●●●●●●●●●●●●●●●●●●●●●●

# *Algo de España*

## España y la Comunidad Económica Europea

- Para España la entrada en la Comunidad Europea constituye un acontecimiento de primera magnitud en la historia de las relaciones internacionales ya que las Comunidades Europeas son la primera potencia comercial del mundo que hoy en día absorbe el 65% de las exportaciones españolas.

- España entra a formar parte de la CEE el 1 de enero de 1986 y la adhesión significa un reto para todos los sectores de la economía española. La reestructuración de las industrias, anteriormente protegidas por aranceles, muestra el gran cambio experimentado en el sector secundario. El desarrollo económico tardío de España deja como herencia una infraestructura inadecuada y muchas empresas pequeñas que tendrán que hacer frente a la competencia de sus vecinos europeos. Por otro lado, el Mercado Común ofrece muchas ventajas a aquellas empresas que quieren avanzar tecnológicamente y los industriales españoles disfrutarán de ayudas financieras aportadas por Bruselas.

- En cuanto a la agricultura, España está sometida a un periodo transitorio de siete años para la mayoría de los productos agrícolas y de diez años para otros, entre los cuales están las frutas y hortalizas. Pero son precisamente estos productos los que tienen más futuro y con la ayuda del Fondo Europeo de Orientación y Garantía Agrícola (FEOGA) España tiene la posibilidad de modernizar su estructura agrícola. Así mismo, España tendrá que reducir su flota pesquera pero también accederá a nuevos caladeros en aguas comunitarias.

- El sistema financiero está siendo reformado. Hay más bancos extranjeros e incluso el gobierno favorece las fusiones para hacer de las sociedades españolas entidades más competitivas. Muchas empresas extranjeras invierten en España y en general la economía española muestra signos de gran vitalidad. En 1989, en un intento de controlar la inflación, la peseta pasa a integrarse en el Sistema Monetario Europeo.

- A pesar de IVA (Impuesto sobre el Valor Añadido), las limitaciones en los temas pesqueros, las restricciones impuestas a Canarias para sus exportaciones agrícolas, el largo aplazamiento en la libre circulación de trabajadores y el temor de que el desarme arancelario supondrá el cierre de numerosas empresas, hay en España un consenso de que la CEE beneficiará al país a largo plazo.

## Termina

**1** El gobierno favorece las fusiones para ....................................
**2** El Mercado Común ofrece muchas ventajas a aquellas ...........
**3** España está sometida a un periodo transitorio de siete años
para ...............................................................................
**4** El IVA es ...............................................................
**5** El porcentaje de las exportaciones españolas a la Comunidad
Europea es ...........................................................
**6** Los productos del sector agrícola que tienen más futuro
son ...............................................................

• • • • • • • • • • • • • • • • • • • • • • • • • • • • • • • • • • • • • • • • • • • • • • • • • • • •

## Action checklist

*Before going on to Stage 9 make sure you can:*

● *ask people to do things and give orders*
Puede enviarme una muestra, por favor
Avise al señor Delgado que no puedo asistir
a la reunión

● *book into a hotel*
Tengo una habitación reservada a nombre
de Smith
Quiero una habitación doble con baño

● *express a pure future*
Llegaré a las siete
Terminarán el trabajo mañana

# 9

# Pues hágalo

*In Stage 9 you will learn to:*

- talk about the recent past
- give reasons
- use the superlative

## ¿Entiendes?

### ═══ ALIMENTACION Y PRODUCTOS AGRARIOS ═══

**VIVERES PARA ZARAGOZA.**
El Grupo Cuartel General del Matra Acuartelamiento de San Lamberto convoca concurso para la adquisición de víveres para la cocina de tropa, meses de octubre, noviembre y diciembre. Presupuesto estimado: 19,9 millones de pesetas. Plazo de presentación de proposiciones hasta el 20 de septiembre.
Contacto: **Negociado de Contratación de la SEA del Grupo del Cuartel General del MATRA, Acuartelamiento de San Lamberto.** *Tf. (976) 32 18 00. ZARAGOZA*

**MARGARINA PARA DINAMARCA.** Organismo precisa el suministro de tubos de margarina en tubos de 50 gramos. Plazo de presentación de proposiciones hasta el 28 de septiembre.
Contacto: **Haerens Materielkommando.** *Tf. 9890 13 22. DK-9800. HJORRING.*

**FRUTA FRESCA PARA ITALIA.** Organismo precisa el suministro de productos hortofrutícolas. Plazo de presentación de proposiciones hasta el 22 de septiembre.
Contacto: **Ministero della difesa.** *Tf. (02) 73 90 24 01. I-20100. MILAN.*

**LEGUMBRES PARA FRANCIA.** Organismo precisa el suministro de productos alimenticios varios: ultracongelados, café, quesos, pan, leche, carnes, frutos y legumbres, productos dietéticos, etc. Plazo de presentación de proposiciones hasta el 27 de septiembre.
Contacto: **Centre hospitalier de Roubaix.** *Tf. 20 99 31 31-20 36. F-59056. ROUBAIX.*

**LECHE EVAPORADA AL REINO UNIDO.** Organismo precisa el suministro de 23.340 cajas de leche evaporada (49 latas de 410 g. en cada caja). Plazo de presentación de proposiciones hasta el 15 de septiembre.
Contacto: **Ministry of Defence.** *Tf. (02 25) 46 73 63. UK-Bath BA1 5AD. BATH.*

**ALIMENTOS CONGELADOS AL REINO UNIDO.** Organismo precisa el suministro de alimentos congelados. Plazo de presentación de proposiciones hasta el 28 de septiembre.
Contacto: **London Borough of Barking and Dagenham.** *UK-Dagenham RM10 7BN, Essex. DAGENHAM.*

**CARNE PARA ITALIA.** Organismo precisa el suministro de aproximadamente 169.000 kilos anuales de carne bovina congelada, en cuartos posteriores, dividida en 10 lotes de diferentes cantidades. Plazo de presentación de proposiciones hasta el 22 de septiembre.
Contacto: **Comando III regione aerea.** *Tf. (080) 33 41 30. I-70121. BARI.*

1 ¿Qué país quiere importar 23.340 cajas de leche evaporada?

2 ¿Qué producto tiene un plazo de presentación de proposiciones hasta el 27 de septiembre?

3 ¿Cuál de las oportunidades de negocio puede ser interesante para Clarasol?

4 ¿Cuántos kilos de carne bovina congelada quiere importar el *Comando III regione aerea*?

5 ¿A dónde tiene que dirigirse si quiere suministrar alimentos congelados?

6 ¿Quién tiene un presupuesto aproximado de 19.9 millones de pesetas?

## ¿Verdadero o falso?

1 El producto que tiene que estar dividido en lotes de diez está enlatado.

2 Cada lata de leche evaporada tiene que pesar 410 kg.

3 El Acuartelamiento de San Lamberto está en Zaragoza.

4 Los productos dietéticos son para Francia.

5 El plazo de presentación para la carne congelada es el mismo que para la fruta.

6 Roubaix está en Italia.

# Diálogo 1

Al día siguiente Antonio Lorca y José Manuel Galán hablan del Hotel Europa.

Estudia estas frases antes de escuchar el diálogo en el casete.

| | |
|---|---|
| Aunque tengo que decir . . . | *Although I must say . . .* |
| No veo inconveniente | *I can't see any problem* |
| Será un acuerdo verbal | *It will be a verbal agreement* |
| Despídeme de Rosa | *Say goodbye to Rosa for me* |
| Ya has tomado una decisión | *You have already taken a decision* |

*José Manuel Galán:*  Bueno, ¿qué te ha parecido el hotel?

*Antonio Lorca:*  Me ha gustado mucho. Las habitaciones son muy cómodas y el servicio excelente. Si el presupuesto que te han dado es bueno, acéptalo. Aunque supongo que ya has tomado una decisión.

*José Manuel Galán:*  No, todavía no. Estoy estudiando presupuestos que hemos recibido de otros hoteles. Aunque tengo que decir que el precio que nos han ofrecido aquí es el mejor.

| Antonio Lorca: | Entonces. ¿Tienes alguna duda? |
|---|---|
| José Manuel Galán: | No, lo que sucede es que la última oferta que nos han presentado tiene ciertas condiciones. |
| Antonio Lorca: | ¿Cuáles? |
| José Manuel Galán: | Nos harán un descuento del 15% sobre el alquiler de la sala si nos comprometemos a usar el hotel en futuras convenciones y si además les enviamos a nuestros clientes y empleados. |
| Antonio Lorca: | Si no comprometes legalmente a la compañía, realmente no veo inconveniente. |
| José Manuel Galán: | No, claro que no, será un acuerdo verbal. En la próxima Junta General, que tenemos en Sevilla, presentaré un informe detallado. |
| Antonio Lorca: | Bueno, nos veremos en Sevilla dentro de un par de semanas. Despídeme de Rosa. |

## Actividades

### A  Responde

1 ¿Qué le ha parecido el hotel a Antonio Lorca?

2 ¿Ya ha tomado alguna decisión el señor Galán?

3 ¿Por qué?

4 ¿Qué opina José Manuel Galán sobre el precio que le ha ofrecido el Hotel Europa?

5 Entonces ¿por qué no ha aceptado la oferta todavía?

6 ¿Qué tiene que hacer la compañía Clarasol para conseguir un descuento del 15% en el precio del alquiler de la sala de conferencias?

7 Según Antonio Lorca, ¿qué no debe hacer José Manuel Galán?

8 ¿Qué tipo de acuerdo será?

9 ¿Qué hará José Manuel Galán en la próxima Junta General?

10 ¿Cuándo se volverán a ver y dónde?

 **B    Se busca**

Busca el verbo relacionado con los sustantivos, después escribe el infinitivo y luego usa la forma del pretérito perfecto para completar los espacios en las frases.

Ejemplo:

| | | |
|---|---|---|
| El desarrollo | *desarrollar* | Durante los años 80 España se *ha desarrollado* mucho. |
| 1 La decisión | ................ | El Ministro de Economía y su gabinete todavía no ......... ................ su política. |
| 2 El descuento | ................ | El banco ......... ................ las letras. |
| 3 El compromiso | ................ | Nostros nos ......... ................ a firmar el contrato antes del día 30. |
| 4 La ocupación | ................ | Yo me ......... ................ de todo el asunto. |
| 5 La subida | ................ | El alquiler de oficinas ......... ................ en un 20% durante este año. |
| 6 El informe | ................ | Los transportistas ......... ................ al director de la huelga que habrá mañana. |
| 7 La presentación | ................ | Jaime ......... ................ su dimisión. |
| 8 El aumento | ................ | Nuestras ganancias ......... ................ en un 2,55% en los últimos tres meses. |

**C    Completa**

Usa las expresiones de tiempo indicadas abajo y coloca el verbo (pretérito perfecto) en la forma adecuada en los siguientes diálogos.

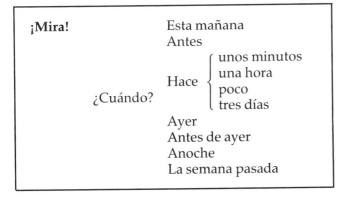

| | |
|---|---|
| **¡Mira!** | Esta mañana |
| | Antes |
| ¿Cuándo? | Hace { unos minutos / una hora / poco / tres días |
| | Ayer |
| | Antes de ayer |
| | Anoche |
| | La semana pasada |

Ejemplo: ○ He ido a la oficina de empleo.
          ● ¿Cuándo has ido?
          ○ Esta mañana.

**1** ○ Hemos hablado con el nuevo gerente.

     ● ..................................................................................

     ○ ..................................................................................

**2** ○ He instalado un contestador automático en mi despacho.

     ● ..................................................................................

     ○ ..................................................................................

**3** ○ El presidente del Consejo de Administración y el tesorero han leído el Informe Anual de Actividades.

     ● ..................................................................................

     ○ ..................................................................................

**4** ○ La compañía Nogasa ha vendido todas sus acciones.

     ● ..................................................................................

     ○ ..................................................................................

**5** ○ Nuestra cooperativa ha empezado a exportar naranjas a Dinamarca.

     ● ..................................................................................

     ○ ..................................................................................

**6** ○ He empezado a trabajar como representante de Calpasa.

     ● ..................................................................................

     ○ ..................................................................................

**D   Conexiones**

Forma siete frases.

Ejemplo:  Normalmente llego al trabajo muy temprano.

| | | | |
|---|---|---|---|
| Ayer | estamos analizando | la nueva refinería | del jefe de contabilidad |
| La próxima semana | estoy preparando | la publicidad | de la Bolsa |
| Anoche | salgo | del despacho | muy temprano |
| Ahora | verán | el informe económico | del Ministerio de Trabajo |
| El verano que viene | he leído | las cotizaciones | a las 9 de la noche |
| Normalmente | nos hemos ido | una inspección | a la misma hora |
| En este momento | tendremos | al trabajo | para el nuevo producto |
| Todos los días | llego | de la oficina | terminada |

# Diálogo 2

En La Junta General de Clarasol en Sevilla. Presidida por Rodrigo Lara, consejero delegado de Clarasol.

 Estudia estas frases antes de escuchar el diálogo en el casete.

▷ el último punto del orden día
de paso
facturados por una sola entidad
tiene la palabra
ya que

*the last item on the agenda*
*at the same time*
*invoiced by only one firm*
*has the floor*
*because*

| | |
|---|---|
| *Secretario:* | Entramos en el último punto del orden del día. La presentación del nuevo aceite en Vigo. |
| *Rodrigo Lara:* | Tiene la palabra el Señor Galán. |
| *José Manuel Galán:* | Ya que la Sala de Juntas de la sucursal en Vigo resulta pequeña para esta presentación, hemos decidido investigar la posibilidad de contratar los servicios de un hotel. |

Esto nos ha permitido no solo solucionar el problema del espacio, sino también el de alojar a todos los delegados en el mismo lugar. Las ventajas, en mi opinión, son:

Primero, aseguramos la puntualidad de todos los asistentes y, de paso, estando juntos reforzamos la idea de que somos un equipo. Además evitamos un gasto innecesario provocado por los desplazamientos entre los diferentes hoteles al lugar de reunión.

En segundo lugar, reducimos los gastos administrativos, ya que seremos facturados por una sola entidad.

Finalmente, al establecer contacto con los hoteles hemos conseguido con uno de ellos una relación comercial, que no solo beneficiará a dicho hotel, sino, lo que es más importante, a la compañía también.

Hemos estudiado las ofertas de tres hoteles, y después de estudiarlas detalladamente, hemos llegado a la conclusión de que la oferta del Hotel Europa es la mejor.

## Actividades _____

### A    Responde

1  ¿Qué han decidido en la sucursal de Clarasol en Vigo?

2  ¿Qué problemas han solucionado así?

3  Cita tres ventajas para esta decisión.

4  ¿A quiénes beneficiará el acuerdo comercial?

5  ¿Cuántas ofertas ha estudiado el equipo del señor Galán?

6  ¿Por cuál se han decidido y por qué?

### B    Completa

Rellena los espacios con la forma adecuada del pretérito perfecto del verbo entre paréntesis.

Ejemplo: *Hemos recibido* los catálogos ayer.   (*recibir/nosotros*)

1  ............. ............. la reserva de la habitación esta mañana.   (*confirmar/yo*)

2  ............. ............. los paquetes hace dos días.   (*recibir/nosotros*)

3  ¿............. ............. algo de Comercial Zagre?   (*saber/usted*)

4  A la compañía Cocasa le ............. ............. la licencia de exportación.   (*cancelar*)

5  Las dos compañías ............. ............. una prórroga a los bancos antes de declararse en quiebra.   (*pedir*)

6  Teresa ............. ............. la encargada del proyecto.   (*ser*)

7  El gerente ............. ............. a una feria de muestras.   (*ir*)

8  Durante este año la demanda de cobre ............. ............. en un 2,7%.   (*disminuir*)

9  La compañía ............. ............. un gran éxito con la reciente campaña publicitaria.   (*tener*)

10 ¿............. ............. algo sobre el nombramiento del agente comercial en Londres?   (*oir*)

### C    Conexiones

¿Qué ha pasado con Juan hoy?
Conecta las frases con los verbos adecuados para describir lo que le ha pasado a Juan hoy.

Ejemplo: Juan se ha levantado a las ocho de la mañana.

|  |  |
|---|---|
| a las ocho de la mañana | *discutir* |
| de casa a las nueve | *regresar* |
| a la oficina a las diez | *levantarse* |

| | |
|---|---|
| El jefe y él | *salir* |
| A las tres de la tarde, Juan | *despedir* |
| porque el jefe lo | *llegar* |

### D   Arréglalo

Pon en orden la siguiente conversación

| | |
|---|---|
| *Susana:* | Vale, dame los títulos. |
| *Gustavo:* | Sí, es que he estado toda la mañana fuera. |
| *Susana:* | ¿No has ido a trabajar esta mañana? |
| *Gustavo:* | No nada, que he vendido unas acciones y he tenido que ir a firmar unos papeles. |
| *Susana:* | Te he llamado por teléfono esta mañana pero nadie me ha contestado. |
| *Gustavo:* | Estupendo. La verdad es que he estado buscando unos libros de Márketing y aquí no los encuentro. |
| *Susana:* | ¿Algún problema? |
| *Gustavo:* | Claro que he ido, pero me ha llamado el abogado y . . . |
| *Susana:* | Bueno, te he telefoneado esta mañana para decirte que iré a Londres el próximo jueves y que si quieres algo. |

# Diálogo 3

José Manuel Galán explica por qué ha elegido el Hotel Europa.

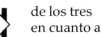 Estudia estas frases antes de escuchar el diálogo en el casete.

| | |
|---|---|
| de los tres | *of the three* |
| en cuanto a | *with regard to* |

por lo tanto
a parte de

*therefore, so*
*in addition to*

José Manuel Galán:  De los tres hoteles que hemos visto, el peor, en cuanto a los servicios que ofrece para la celebración de conferencias, es el Hotel Don Pedro. Aunque es tan céntrico como el Hotel Europa, las instalaciones son muy anticuadas. El Hotel Continental tiene la mejor sala de conferencias, pero es el que está más lejos de la ciudad y, por lo tanto, de nuestras oficinas. Además es el más caro de los tres.
El Hotel Don Pedro, por otro lado, ha ofrecido la tarifa más baja, pero, y a parte de lo que he dicho antes, es un hotel muy turístico y no asegura plazas en el aparcamiento.
Por estas razones y también porque el Hotel Europa ha sido el más dinámico en su trato con nosotros, ofreciéndonos incluso unas condiciones muy competitivas, lo propongo como el adecuado para la celebración de la presentación.

Rodrigo Lara:  Bien. ¿Han confirmado la reserva?

José Manuel Galán:  No, todavía no.

Rodrigo Lara:  ¿Alguien tiene alguna objeción? . . . ¿No? Pues hágalo.

## Actividades

### A  Responde

1  ¿Cuál, de los hoteles que han visto, es el peor para la celebración de la presentación?

2  ¿Por qué?

3  ¿Cuáles son las ventajas y los inconvenientes del Hotel Continental?

4 ¿Cuál es el hotel que ha ofrecido el presupuesto más bajo?

5 ¿Por qué no han escogido ese hotel?

6 Cita cinco razones por las que José Manuel Galán propone el Hotel Europa como el mejor para la celebración de la presentación.

7 ¿Ha presentado alguien alguna objeción para la elección del Hotel Europa?

8 ¿Qué va a tener que hacer José Manuel Galán?

**B   Completa**

Completa las siguientes frases con las palabras adecuadas.

Ejemplo:   El Hotel Continental es ......... ......... ................. de los tres.   (*caro*)
El Hotel Continental es *el más caro* de los tres.

1 El Hotel Don Pedro es bueno, pero el Hotel Europa es ................. (*bueno*)

2 Las oficinas de la sucursal de Vigo son ......... ......... ................. de la compañía.   (*moderno*)

3 Esta fotocopiadora es mala, pero no es ......... ................. de la compañía.   (*malo*)

4 Mi despacho es grande, pero el de Antonia es ......... ................. (*grande*)

5 Este informe es ......... ......... ................. de todos los que he leído.   (*largo*)

6 De todas las secretarias de la compañía, Carmen y Sofía son ......... ......... ................. (*eficiente*)

7 La impresora PDY 62907 es ......... ......... ................. del mercado. (*rápido*)

---

**¡Mira!**

¿Llevas mucho tiempo esperando?  } = {  ¿Hace mucho que esperas?
No, *acabo de llegar*.                            No, sólo 5 minutos

¿Llevas mucho tiempo esperando?  } = {  ¿Hace mucho que esperas?
No, sólo 5 minutos.                              No, *acabo de llegar*.

---

**C   Y ahora**

Utiliza la expresión *acabar de* para dar la respuesta en los diálogos.

Ejemplo:   ¿Desde cuándo tienes este coche?   (*comprar*)
Acabo de comprarlo.

**1** ¿Llevas mucho tiempo en esta compañía?   (*empezar*)
No, ..............................................................

**2** ¿A qué hora sale el avión para Vigo?   (*salir*)
Lo siento, .....................................................

**3** ¿Por qué están enfadados Juan y Pedro?   (*perder*)
.............................................................. su trabajo.

**4** ¿Ha llegado el director?   (*llegar*)
Sí, ..............................................................

**5** ¿Habéis terminado de escribir las cartas?   (*hacer*)
Sí, ..............................................................

**6** ¿Cuándo van a entregar el pedido?   (*traer*)
..............................................................

 **D   Sopa de letras**

Entre todas esas letras están escondidos los participios irregulares de estos verbos: *decir, hacer, poner, ver, abrir, volver, descubrir, escribir, romper*. Pueden estar en diagonal, vertical, horizontal y al revés.

```
D A T O C H O C O L A
L E I R O H C I D Z O
V I S T O A B F I O T
C H O C A E U C H A R
H O S P U E S T O E E
M E H R O B O C H S I
D A C L A V I E N C B
S U C H R O A E C R A
M I P A O O T O R I H
C H O T O A B E O T U
T O L E U V C H T O O
```

# Diálogo 4 _____

Aclarando puntos.

 Estudia estas frases antes de escuchar el diálogo en el casete.

| | |
|---|---|
| y demás invitados | *and other guests* |
| No creo que deban | *I don't think they should* |
| para evitar mayores gastos | *to avoid further expenditure* |

*Rodrigo Lara:*  ¿Los representantes y demás invitados han sido notificados de la fecha?

*Antonio Lorca:*  Les hemos dado unas fechas aproximadas, pero ahora ya podemos enviarles una carta confirmando la fecha definitiva.

*Rodrigo Lara:*  ¿Han mandado las invitaciones a la prensa especializada?

| Antonio Lorca: | Igualmente, están avisados pero tampoco les hemos confirmado la fecha. La revista Aceites y Grasas enviará a un fotógrafo y a un periodista. |
| Rodrigo Lara: | ¿Y quiénes serán nuestros invitados especiales? |
| Antonio Lorca: | Hemos invitado a los dueños y directores de las principales fábricas de conservas de la zona Norte. |
| José Manuel Galán: | No creo que deban estar presentes durante toda la jornada. La tarde se dedicará a discusiones técnicas con los vendedores y a asuntos internos de la empresa, como la estrategia de márketing etc. |
| Rodrigo Lara: | Sí, tienes razón pero podemos invitarles o a un almuerzo o a la cena de despedida en el Hotel. |
| José Manuel Galán: | Para evitar mayores gastos, pienso que lo mejor es invitarles a la cena de despedida. |

## Actividades

### A  Responde

1 ¿Han sido notificados de la fecha de la presentación los representantes, la prensa y los demás invitados?

2 ¿Qué dice Antonio Lorca que tendrán que hacer ahora?

3 ¿Quién mandará a un fotógrafo y a un periodista?

4 ¿Por qué cree José Manuel Galán que los invitados especiales no deben estar presentes durante toda la jornada?

5 ¿A qué invitarán a los dueños y directores de las fábricas de conservas?

CLARASOL S.A.
se complace en invitarles a la
PRESENTACION
de su nueva gama de productos de Pepita de Uva,

La presentación tendrá lugar en el
SALON VIGO
del
HOTEL EUROPA
el día 8 de septiembre a las 9,30 de la mañana,

Asimismo están cordialmente invitados a la cena que se celebrará
en el mismo Hotel Europa a las 9,00 de la noche.

**B    Repasa**

Rellena los espacios en blanco con los verbos en la forma
correcta y utiliza las expresiones siguientes de acuerdo con la
frase. Los pronombres personales solamente son indicativos,
no se usan.

*nada, aun, ya, nadie, todavía*

Ejemplo:  ¿Qué has hecho esta mañana?      (*hacer*)
            No *he hecho* absolutamente *nada*.

**1** ¿........ ................. los nuevos catálogos?   (*ver/vosotros*)
   No, ...............................................................

**2** ¿........ ................. la traducción?   (*hacer/usted*)
   Sí, ........ la ......... .................

**3** ¿........ ................. el Director?   (*volver*)
   No ................. está en Sevilla.

**4** ¿................. ................. la correspondencia?   (*abrir/ustedes*)
   No, ...............................................................

**5** ¿........ ................. algo del aumento de sueldo?   (*decir/ellos*)
   No, nadie ......... ................. .................

**6** ¿Quién ......... ................. el inventario encima de mi
   mesa?   (*poner/dejar*)
   ................. lo ......... ................. Tú lo ......... ................. ahí
   ayer.

**7** ¿........ ................. el informe?   (*escribir/tú*)
   No, ................. no lo ......... .................

**8** ¿................. ......... al banco?   (*ir/usted*)
   Sí, ......... ......... .........

**C    Practica**

Pros y contras
Aquí tienes algunas de las frases que han surgido en los
últimos diálogos. Usalas para apoyar tu argumento, bien en
favor o en contra de los casos que siguen.

*Tengo que decir/además/no veo inconveniente/ya que/de paso/en
segundo lugar/ finalmente/lo que es mas importante/también/el peor
en cuanto a/aunque/por otro lado/y a parte de lo dicho/por estas
razones/ incluso/lo propongo/igualmente/tener razón, pero/estar de
acuerdo, pero/sin embargo/en mi opinión/lo mejor es/no solo . . . sino
también/las ventajas (desventajas) en mi opinión son/he (hemos)
llegado a la conclusión/he (hemos) decidido*

Ejemplo:  He pensado en comprar un Ford Fiesta
*¿Por qué?*
Porque es un coche muy económico, además esta
marca ofrece una amplia red de servicios. Y, en mi
opinión, no sólo tiene una buena pintura sino
también una excelente chapa. Y lo que es más
importante, acepta gasolina sin plomo.
*Sí, tienes razón en lo que has dicho, pero tengo que decir
que es un coche muy pequeño y es incómodo ya que sólo
tiene tres puertas. Por otro lado, tiene muy poco prestigio
y además no es muy potente. Finalmente, es el peor del
mercado en cuanto a diseño.*

**1**  'He pensado en comprar un Ford Fiesta'

| PROS | CONTRAS |
| --- | --- |
| Económico | Pequeño |
| Red de servicios | Tres puertas |
| Buena pintura | Poco prestigioso |
| Acepta gasolina sin plomo | El motor no es potente |
| Excelente chapa | El diseño es ordinario |

**2**  'He pensado en elegir a la señorita Felicidad Peñalva para el
puesto de secretaria de dirección'

| PROS | CONTRAS |
| --- | --- |
| Habla tres idiomas | Poca experiencia |
| Sabe usar procesadores de textos | Se ha casado hace cinco meses |
| Joven | Tímida |
| Buena presencia | Vive lejos del trabajo |

3 'He pensado que debemos adquirir un computador BCW 1028 para la oficina'

| PROS | CONTRAS |
|---|---|
| Compatible con los de la oficina | No tiene color |
| Tiene gráficos | Grande |
| Fácil de manejar | Nueva marca, acaba de salir al mercado |
| Acceso a base de datos nacionales e internacionales | |

4 'He pensado en cambiar la fotocopiadora que tenemos por una RAREX 23E'

| PROS | CONTRAS |
|---|---|
| Rápida | No amplía bien |
| Tiene memoria | Voluminosa |
| Puede separar hojas | Mucho mantenimiento |
| Puede grapar | No tiene color |

• • • • • • • • • • • • • • • • • • • • • • • • • • • • • • • • • • • • • • • • • • • • • • • •

## Algo de España

### El comercio exterior _____

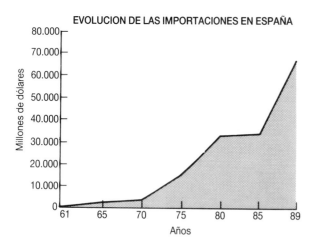

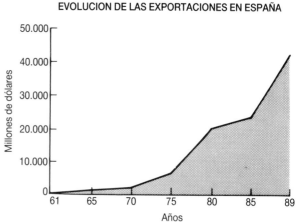

• Cuando se habla de las exportaciones de España, inmediatamente se piensa en las naranjas, el aceite de oliva, el vino de Jerez y las cebollas. Sin embargo, en la actualidad su importancia en la economía española es inferior a la que representan por ejemplo, los automóviles, barcos, herramientas, calzado y moda.

• La creación del Instituto Nacional de Fomento a la Exportación (INFE) ha permitido diseñar una nueva estrategia de promoción comercial, ofreciendo al exportador servicios tales como, información, administración financiera, planificación, ferias etc.

## Importaciones por áreas geográficas (composición)

| | OCDE | | PMD | COMECON | NIC | OPEP |
|---|---|---|---|---|---|---|
| | CEE | No CEE | | | | |
| 1970-79 | 38,8 | 25,6 | 33,2 | 2,0 | 0,5 | 19,5 |
| 1980-85 | 32,8 | 21,0 | 43,0 | 2,7 | 0,9 | 26,1 |
| 1986-89 | 54,7 | 20,5 | 21,0 | 2,4 | 2,2 | 8,7 |
| 1986 | 50,3 | 21,3 | 25,4 | 1,8 | 1,6 | 11,3 |

## Importaciones por áreas geográficas (Tasas de crecimiento)

| | Total | OCDE | | PMD | COMECON | NIC | OPEP |
|---|---|---|---|---|---|---|---|
| | | CEE | No CEE | | | | |
| 1970-79 | 20,9 | 18,7 | 16,2 | 29,0 | 29,9 | 47,8 | 41,7 |
| 1980-85 | 20,4 | 20,2 | 19,7 | 21,7 | 23,2 | 19,9 | 8,0 |
| 1986-89 | 14,1 | 26,9 | 14,8 | −3,3 | 21,7 | 43,7 | −6,8 |
| 1986 | −3,6 | 31,6 | 2,7 | −38,8 | −27,7 | 59,5 | −46,0 |
| 1987-89 | 20,1 | 25,4 | 18,9 | 8,6 | 38,2 | 38,4 | 6,4 |

## Exportaciones por áreas geográficas composición

| | OCDE | | PMD[1] | COMECON | NIC[2] | OPEP |
|---|---|---|---|---|---|---|
| | CEE | No CEE | | | | |
| 1970-79 | 50,0 | 20,5 | 24,5 | 2,8 | 0,4 | 8,4 |
| 1980-85 | 50,5 | 15,0 | 30,0 | 2,8 | 0,7 | 12,2 |
| 1986-89 | 64,1 | 15,6 | 16,0 | 1,6 | 1,1 | 4,6 |
| 1986 | 60,4 | 17,0 | 18,9 | 1,8 | 0,9 | 5,6 |

## (Tasas de crecimiento en ptas. corrientes)

| | Total | OCDE | | PMD | COMECON | NIC | OPEP |
|---|---|---|---|---|---|---|---|
| | | CEE | No CEE | | | | |
| 1970-79 | 25,0 | 25,6 | 20,0 | 29,1 | 28,7 | 52,8 | 40,6 |
| 1980-85 | 22,6 | 23,2 | 28,3 | 19,0 | 28,1 | 35,8 | 15,9 |
| 1986-89 | 6,7 | 13,1 | 1,5 | −6,2 | −5,3 | 17,6 | −8,0 |
| 1986 | −7,4 | 6,9 | −11,9 | −27,5 | −43,3 | −8,3 | −28,3 |
| 1987-89 | 11,5 | 15,2 | 5,9 | 0,9 | 7,4 | 26,2 | −1,2 |

(1) PMD: Países menos desarrollados
(2) NIC: Nuevos países industrializados

- Sin embargo, en el conjunto de la economía española la significación cuantitativa del comercio exterior es reducida. Teniendo en cuenta la relación existente entre las importaciones y la renta nacional, la propensión media a importar es muy baja (10%), inferior a la existente en Europa occidental.

- Por otra parte la balanza comercial, la relación entre las compras (importaciones) y las ventas (exportaciones), es francamente deficitaria, a causa del mayor valor de las importaciones y de su constante incremento.

- España importa prácticamente toda la energía que consume. El petróleo y sus derivados generan el mayor gasto en cuanto a las importaciones. Otras adquisiciones cada vez más elevadas son: materias primas, maquinaria pesada y de precisión así como ciertos productos alimentarios.

- Los cambios en la estructura del comercio exterior revelan la profunda transformación de la economía española y la creciente importancia del sector industrial. Mientras que en los años 60 los productos agrarios representan el 55% de la exportaciones, los minerales el 11% y las manufacturas solamente el 34%, a mediados de los 70 las manufacturas pasan a ocupar el primer lugar y los minerales y productos agrarios retroceden. En la década de los 80, las manufacturas alcanzan el 75% y los productos agrarios apenas un 20%.

## Resumen

Tomando el texto que acabas de leer como referencia, prepara un resumen, en castellano, sobre las importaciones y exportaciones de tu propio país.

● ● ● ● ● ● ● ● ● ● ● ● ● ● ● ● ● ● ● ● ● ● ● ● ● ● ● ● ● ● ● ● ● ● ● ● ● ● ● ● ● ● ● ● ● ● ●

## Action checklist

> *Before going on to Stage 10 make sure you can:*
>
> - *talk about the recent past*
>   ¿Has ingresado los cheques en la cuenta?
>   Sí, acabo de hacerlo
>
> - *give reasons*
>   Por estas razones hemos decidido reducir
>     nuestro pedido
>   Hemos cambiado de proveedor no sólo por
>     los problemas de producción, sino por
>     los precios elevados también
>
> - *use superlatives*
>   Su producto es el más caro del mercado
>   Sí, pero también es el mejor

# 10

# El acuerdo final

---

*In Stage 10 you will learn:*

- to discuss hypothetical situations
- to make and respond to suggestions
- another way of giving reasons
- to report on what someone has said about future plans

## ¿Entiendes?

### Test: ¿Cuida usted las formas?

No hay presión laboral ni actitud agresiva que justifique la falta de educación en el trabajo. Aunque para muchos las buenas formas no sean más que meras convencionalidades, pasarlas por alto puede mermar las relaciones personales y, consecuentemente, el rendimiento laboral.

**TEST**

# ¿Cuida usted las formas?

**C** OMPRUEBE si guarda usted las buenas maneras en el trabajo, contestando a las siguientes preguntas:

**PREGUNTAS**

**1** Si usted tiene que salir a la calle por un momento, ¿pregunta a los demás si necesitan algo?

a) No. Simplemente va a su aire.
b) Sí. Siempre pregunta antes de salir.

c) Sí, si tiene tiempo para hacer los recados de otros.

**2** Cuando recibe una visita, ¿cómo se comporta?

a) Se levanta instintivamente y se acerca a la persona para saludarla.
b) Permanece sentado detrás de su despacho mientras que su secretaria le deja entrar.
c) Se levanta pero permanece detrás de su mesa.

**3** Cuando usted hace una visita acompañado de otro miembro de su equipo, ¿informa previamente a la persona interesada de quien le acompaña?

a) Su secretaria llama para notificarlo.
b) No. Ha sido una decisión de última hora.
c) Llama usted directamente para asegurarse de que no habrá inconveniente.

**4** Reúne a su equipo de trabajo, que se acaba de incorporar, por primera vez. ¿Cómo trata de comenzar la reunión?

a) Dedica diez minutos a las presentaciones entre los miembros del equipo.
b) Va directamente al orden del día.
c) Da por sentado que ya se conocen e inicia la reunión sin ningún preámbulo.

**5** Tiene un almuerzo con un cliente y, en el restaurante, se encuentra con un conocido, ¿qué hace?

a) Los presenta e intercambia una palabras brevemente.
b) Pasa de largo evitando presentaciones.
c) Saluda, hace las presentaciones y charla con su amigo durante un buen rato.

**6** Cuando va a un despacho ajeno, ya sea dentro de su propia empresa o fuera y siente ganas de fumar, ¿cómo procede?

a) Se enciende el cigarrillo, sin vacilar.
b) Pregunta primero si se puede fumar.
c) Ofrece un cigarrillo y, observando la reacción de su anfitrión, decide fumar o no.

**7** Si se encuentra en el despacho de un colega y él recibe una llamada personal. ¿Qué hace?

a) Espera un momento para ver si va a tardar.
b) Se disculpa y se marcha. Volverá luego.
c) Espera a que termine su conversación telefónica.

**8** Al entrar en su departamento, se encuentra con una visita en la sala de espera. ¿Cómo se comporta?

a) Mira quién es y si no la conoce pasa de largo.
b) Saluda y se interesa por el motivo de su visita.

c) Murmura un saludo mientras pasa a su lado.

**9** ¿Qué fórmula emplea para contestar el teléfono en su empresa?

a) ¿Diga?
b) (Nombre), buenos días.
c) ¿Sí?

**10** Cuando recibe visita, ¿dónde se sientan para hablar?

a) La invita a sentarse con usted en un sofá.
b) Atiende a la visita sentado tras la mesa de despacho.
c) Se sienta con la visita en una mesa, y se pone al lado.

**11** En una reunión, ¿qué descripción le caracteriza?

a) Hace comentarios frecuentes a la persona que habla.
b) Escucha detenidamente y toma la palabra si tiene algo que añadir.
c) No dice mucho.

**12** Cuando recibe una llamada para un colega, ¿qué hace?

a) Le deja una nota sobre su mesa en lugar visible.
b) Lo apunta para decírselo cuando lo vea.
c) Ya se acordará de decírselo.

**13** Visita a un colega en su despacho, ¿llama antes de entrar?

a) No. Tienen una buena amistad, así que entra directamente.
b) Siempre llama antes de entrar.
c) A veces se le olvida.

**14** Cuando cita a alguien, ¿le atiende puntualmente?

a) Sí, y más cuando usted ha fijado la hora.
b) Siempre suele retrasarse unos minutos.
c) Sistemáticamente hace esperar a sus visitas.

---

### PERFIL

#### Educado

Según indica su puntuación, para usted las buenas maneras son fundamentales en el trato con su personal. Esto demuestra su calidad como persona y su respeto por el trabajo de los demás.

Está profundamente convencido de que la buena educación obliga a considerar los deseos de los demás y a aceptarlos. Es una persona muy consciente de la intimidad de sus colegas. Sin embargo, no permita que los demás se aprovechen de su cortesía.

#### Variable

Para usted la buena educación es importante. Sin embargo, olvida rápidamente sus buenos modales cuando se encuentra agobiado o atareado. Además no sabe con plena seguridad hasta dónde llega la educación. No quiere parecer demasiado pesado. Por tanto, su comportamiento vacila entre los buenos modales y la brusquedad.

Intente ser más consciente de sus acciones y del efecto que producen.

#### Mal educado

Lo suyo es innato. Es una persona mal educada que demuestra escasa cortesía y respeto por su prójimo. Uno se pregunta si tiene remedio ya que los malos hábitos son difíciles de desarraigar. A lo mejor considera su brusquedad como una forma de reafirmar su autoridad o de hacerse valer. No se esconda detrás de unos pretextos tan primarios. Lo único que demuestra su actitud es un nivel bajo en las relaciones humanas. ■

**SOLUCIONES**
1. a)3, b)1, c)5
2. a)5, b)1, c)3
3. a)3, b)1, c)5
4. a)5, b)1, c)3
5. a)5, b)1, c)3
6. a)1, b)5, c)3
7. a)3, b)5, c)1
8. a)1, b)5, c)3
9. a)1, b)5, c)3
10. a)1, b)5, c)3
11. a)1, b)5, c)3
12. a)5, b)3, c)1
13. a)1, b)5, c)3
14. a)5, b)3, c)1

DE 53 A 70, **Educado**
DE 34 A 52, **Variable**
DE 14 A 33, **Mal educado**

---

**1** Según el test ¿eres una persona educada, variable o mal educada?

**2** ¿Estás de acuerdo con la evaluación?

**3** Si no, ¿por qué no?

**4** Se dice que los altos ejecutivos tienen que ser agresivos. ¿Hasta qué punto estás de acuerdo con esta afirmación?

**5** ¿Se consigue más con las buenas maneras o con la brusquedad?

**6** ¿Crees que estos tests sirven para algo?

# Diálogo 1

Pilar Vázquez y Luis Collazo hablan sobre la posible firma del contrato con Clarasol.

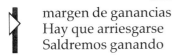 Estudia estas frases antes de escuchar el diálogo en el casete.

margen de ganancias — *profit margin*
Hay que arriesgarse — *You have to take risks*
Saldremos ganando — *We'll come out ahead*

| | |
|---|---|
| *Luis Collazo:* | ¿Has tenido noticias de Clarasol? |
| *Pilar Vázquez:* | No aún no, pero estoy segura de que con la oferta que les he hecho, no tardarán en ponerse en contacto con nosotros. |
| *Luis Collazo:* | Pareces muy segura. ¿Cómo sabes que tu oferta es la mejor? |
| *Pilar Vázquez:* | Claro que no lo sé. Pero hemos reducido nuestro margen de ganancias precisamente para hacerla la más competitiva. |
| *Luis Collazo:* | Que ha sido muy arriesgado de tu parte. |
| *Pilar Vázquez:* | Como ya sabes, en los negocios hay que arriesgarse, pero estoy convencida de que a la larga saldremos ganando. |
| | (*Suena el teléfono*) |
| | ¿Dígame? ¡Ah señor Galán ¿cómo está? Sí, claro, déjeme ver mi agenda un momento. Vamos a ver, ¿qué le parece mañana a las once? Muy bien, hasta mañana. |
| | ¡Ves! Estoy segura de que mañana firmaremos ese contrato. |
| *Luis Collazo:* | Espero que sí porque has trabajado bastante. |

## Actividades

### A  Responde

1  ¿Ya ha tenido Pilar noticias de Clarasol?

2  ¿De qué está segura Pilar?

3  ¿Por qué está Pilar tan segura de que su oferta es la más competitiva?

4  ¿Cuál es la opinión de Luis Collazo sobre el plan de Pilar?

5  Según Pilar ¿qué efecto tendrá su plan a largo plazo?

6  ¿Qué piensa Pilar que sucederá mañana?

### B  Pregunta

Haz las preguntas para las siguientes respuestas.

1  ¿Qué ...........................................................................?
He reducido nuestro margen de ganancias.

2  ¿Cómo ......................................................................?
Es la más competitiva.

3  ¿De qué ....................................................................?
De que firmarán el contrato.

4  ¿Qué ........................................................................?
Hay que arriesgarse.

5  ¿Cuándo ...................................................................?
Lo firmaremos mañana.

6  ¿Dónde ....................................................................?
En el despacho del jefe regional de ventas de Clarasol.

### C  Completa

Juan tiene un examen mañana pero algunas de las palabras del texto que tiene que revisar se han borrado. Puedes ayudarle colocando una sola de las siguientes palabras en cada uno de los espacios en blanco.

*al, entero, es, mercantiles, la, de, valor, consumidor, permitido, hay, comercio, la, precio, producen, mundial, ser, bruto, los, ha, medios, desarrallo, los, movimiento, consumen, del*

#### El comercio

El objetivo común de ................................ población activa de un país ................................ la producción.
................................ producción puede ................................ de alimentos, de bienes de consumo y bienes ................................ uso y disfrute. El ................................ global de todos ................................ bienes y servicios finales que se ................................ cada año en un país constituye su

Producto Nacional ..............................
   Para que la población tenga acceso a estos bienes
............................... que ponerlos en movimiento y a este
............................... o tráfico se le denomina 'comercio'. Así
pues, el fin principal ............................... comercio es el
acercamiento del artículo del productor al ..............................
   En la época contemporánea, el comercio
............................... obtenido un desarrollo incalculable. Hoy
se ............................... los productos de cualquier país en el
mundo ............................... Debido al desarrollo del
............................... mundial pocas cosas pueden ser
consideradas un lujo ya que por su bajo ..............................
están al alcance de todos ............................... consumidores.
   Las causas que han ............................... el desarrollo del
comercio son, entre otras, el gran ...............................
industrial, el perfeccionamiento de los ...............................
de transporte, la aparición de las grandes empresas
............................... y el gran desarrollo económico
...............................

**D  Arréglalo**

Lamentablemente Juan ha tenido su examen después de
haber sido despedido de la oficina. Mira las respuestas que ha
dado y corrígeselas.

**1** El objetivo común de la población activa de un país es el
   ocio.

**2** El Producto Nacional Bruto de un país es la suma de todos
   los beneficios agrícolas obtenidos durante un año.

**3** Para obtener estos productos, la población tiene que
   marcharse.

**4** El comercio es el conjunto de tiendas y almacenes de un
   país.

**5** El fin principal del comercio es el enfrentamiento entre los
   productores y los consumidores.

**6** En la época contemporánea, uno tiene que viajar por todo
   el mundo para conseguir un producto determinado.

**7** El desarrollo del comercio se debe al establecimiento del
   *Corte Inglés* por toda la geografía española.

# Diálogo 2

Tratando de conseguir algo más.

Estudia estas frases antes de escuchar el diálogo en el casete.

y lo que ello puede significar          *and what that might mean*
si sería posible                        *if it would be possible*

| redondear el precio | *round down the price* |
| dada la importancia | *given the importance* |
| resulta que | *it turns out* |
| no cabe duda | *there is no doubt* |

**José Manuel Galán:** He hablado con mis superiores en Sevilla y en principio están de acuerdo. Sin embargo y teniendo en cuenta la expansión de la empresa, y lo que ello puede significar de beneficios para el Hotel Europa a largo plazo, me pregunto si sería posible redondear el precio que nos han propuesto.

**Pilar Vázquez:** Me temo que no va a ser posible señor Galán. Pienso que nuestra oferta es muy competitiva, y realmente no puedo bajar más el presupuesto.

**José Manuel Galán:** Bueno, por lo menos lo he intentado.

**Pilar Vázquez:** No obstante, sí hay algo que puedo ofrecer y es publicidad.

**José Manuel Galán:** ¿A qué se refiere?

**Pilar Vázquez:** Resulta que tengo una amiga periodista que trabaja en el periódico local. Puedo hablar con ella y estoy segura de que vendría y escribiría un artículo sobre la presentacíon, dada la importancia de la industria conservera en esta ciudad.

**José Manuel Galán:** No cabe duda de que es usted una vendedora excelente.

## Actividades

### A Responde

1 ¿Qué pregunta el señor Galán?

2 ¿Qué razones da para pedirlo?

# Un nuevo aceite para la industria conservera

M. R.

Hoy, en el Salón Vigo de Hotel Europa, la compañia Clarasol S.A. presenta un xx xxx xxxxxx xxx xxxx xxxx x xxx xxx xxxxxx xx xxxxxx xxx xx xx xxx. X xxxxxxx x xxxxxxxxxxxx xxxx xxx x xxxxx xxxx xxx. X xxxxxxx xxxxx xxxx xx xxx xxx xxxx xxx xxxxxx xxx xxx xx xxxxx xxx xxxxxx. Xx xxxx xx Xxxxxxx Xxxxxx xxx X xxx xxxxx xx xxxxxxx xxxxxx xxx xxxxxxx xx x xxxxxxxxx xxx xxx. X xxxx xxxxx xx x

xxx xx xx xxx. X xxxxxxx x xxxxxxxxxxxx xxxx xxx x xxxxx xxxx xxx. X xxxxxxx xxxxx xxxx x xxx xxx xxx xxxxx xxxxx xxxxxxx. Xx xxxx xx Xxxxxxx Xxxxxx xxx X xxx xxxxx xx xxxxxxx xxxxxxxx xxx xxx. X xxxx xxxxx xx xx xxxxx xxxxx xx xxxxxxx. Xxxxxxx Xxxxxx xxx X xxx xx xxxxxxx

3 ¿Accede Pilar a su petición?

4 ¿Qué ofrece Pilar como alternativa?

5 ¿Dónde trabaja la amiga de Pilar?

6 ¿Qué haría la amiga de Pilar?

**B** **Completa**

Rellena los espacios en blanco con la forma adecuada del potencial de los verbos entre paréntesis.

Ejemplo: Me *gustaría* tener un despacho más grande. (*gustar*)

1 El señor Suárez ha dicho que ................ el lunes. (*volver*)

2 Una compañía especializada ................ los folletos en un día. (*traducir*)

3 ................ más fácil hacer el balance con una calculadora. (*ser*)

4 Un contestador automático te ................ el trabajo. (*facilitar*)

5 ................ conseguir una tarjeta de crédito. (*deber/tú*)

6 La recepcionista me dicho que nos ................ las habitaciones hasta las seis de la tarde. (*reservar*)

7 Con un procesador de palabras Marta y María ................ rápidamente. (*escribir*)

8 La compañía de mensajeros me ha asegurado que los paquetes ................ aquí antes del mediodía. (*estar*)

**C   Y ahora**

Estás en una reunión de la compañía donde trabajas. El nuevo consejero delegado está hablando de las medidas que llevará a cabo para evitar la quiebra de la compañía. A tu lado hay una persona que no oye bien. Escucha el discurso en el casete y cuéntale a tu compañero que ha dicho.

Ejemplo:   ¿Qué ha dicho?
Ha dicho que *congelaría* los sueldos de los ejecutivos.

**D   Conexiones**

Relaciona las dos columnas.

| | |
|---|---|
| Supongo que ya sabrán | pero dado la situación, acepto |
| Ha sido muy arriesgado | gustaría saber más de esa empresa |
| Hemos hablado con los directores | cuántos envases necesitan |
| Sería muy importante | de tu parte |
| Nos han dicho que les | y en principio aceptan la propuesta |
| Normalmente no lo haría | conseguir el respaldo de Bankysa |

# Diálogo 3

¿Cuántas habitaciones?

Estudia estas frases antes de escuchar el diálogo en el casete.

| | |
|---|---|
| y es que | *and as* |
| así que | *so* |
| Todo estará a punto | *Everything will be ready* |

| | |
|---|---|
| *Pilar Vázquez:* | Supongo que ya sabrán cuántas habitaciones necesitan. |
| *José Manuel Galán:* | Unas quince, creo. A ver Carmen, mire la lista. |
| *Carmen Bravo:* | A ver. No, no son quince, en total son catorce. Catorce sencillas con baño. No perdón, tiene razón usted señor Galán, son quince, pero la otra es una suite para el señor Lara. |
| *Pilar Vázquez:* | De acuerdo. |
| *José Manuel Galán:* | Recuerde también que nosotros usamos el sistema de vídeo VHS y por lo tanto, los de la sala de conferencias tienen que ser iguales. |
| *Carmen Bravo:* | Y es que además nosotros vamos a filmar a los ponentes, así que necesitaremos focos potentes. |
| *Pilar Vázquez:* | No se preocupen, todo estará a punto. |

## Actividades

### A  Responde

    **1** ¿Qué pregunta Pilar?

    **2** ¿Cuántas dice José Manuel Galán?

    **3** ¿Cuántas dice Carmen?

    **4** ¿Quién tiene razón?

    **5** ¿Qué sistema de vídeo utiliza Clarasol?

    **6** ¿Qué dice Carmen que necesitarán para filmar a los ponentes?

    **7** ¿Qué asegura Pilar Vázquez?

### B  Practica

Habla con tu compañero dando excusas. Utliza *es que* . . .

Ejemplo:  ○ ¿Por qué quiere los focos tan potentes?  (*ir/filmar/ponentes*)

        ● Es que vamos a filmar a los ponentes.

    **1** ○ ¿Por qué no ha llegado el pedido?  (*haber/huelga*)

      ● ......................................................................

    **2** ○ ¿Por qué ha llegado tarde?  (*haber/trabajar/toda la noche*)

      ● ......................................................................

    **3** ○ ¿Pueden pagar en libras esterlinas?  (*no/tener/cuenta/en moneda extranjera*)

      ● ......................................................................

    **4** ○ ¿Puedo hablar con el director?  (*estar/reunión*)

      ● No, ......................................................................

**5** ○ ¿Por qué no tienen el análisis preparado?   (*ordenador/haber/ estropearse*)

  ● ..................................................................................

**6** ○ ¿Por qué has vendido tus acciones en la Bolsa?   (*no/haber/ producir/dividendos*)

  ● ..................................................................................

**C**  **Termina**

Completa las siguientes frases.

**1** Me gustaría ........................................................................

**2** El gerente tiene que ..........................................................

**3** Todavía no han ..................................................................

**4** Mañana se .........................................................................

**5** Nos sorprende el ...............................................................

**6** Desde ayer por la tarde .....................................................

**7** Todos los días ...................................................................

**8** José ha dicho que ..............................................................
después.

**D**  **Se busca**

Lee las pistas y rellena las columnas de arriba a abajo.
Averigua la profesión escondida en la línea horizontal que
está marcada.

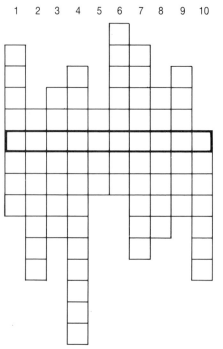

5 Lo que es José Luis Galán.   (4)

8 El que dirige los negocios y lleva la firma en una sociedad o empresa mercantil.   (7)

2 Persona que intercambia mercancías por dinero.   (8)

4 Persona que lleva – en exclusiva o no – la venta de un determinado producto.   (13)

7 Una persona que es parte de la población activa y que tiene empleo.   (10)

9 Persona que verifica la situación financiera de una empresa.   (7)

3 Luis Collazo Peña es el director ................. del Hotel Europa.   (7)

10 Persona que se encarga de los asuntos legales de una compañía.   (7)

6 El jefe de José Luis Galán es uno, en términos generales.   (8)

1 Puede ser el *Primer* ................., o el ................. *de Economía* o *de Justicia* etc.   (8)

# Diálogo 4

El acuerdo final.

Estudia esta frase antes de escuchar el diálogo en el casete.

Se me acaba de ocurrir otra idea                  *I've just had another idea*

| | |
|---|---|
| *Pilar Vázquez:* | El único detalle que queda por resolver es el de la forma de pago. ¿Cómo quieren la factura? |
| *José Manuel Galán:* | ¿Qué quiere decir? |
| *Pilar Vázquez:* | Necesito saber si Clarasol se hace responsable de todos los gastos de las personas que dormirán en el hotel, o si cada uno pagará sus gastos particulares como, por ejemplo, las llamadas telefónicas . . . |
| *José Manuel Galán:* | Como es solamente una noche supongo que los gastos no serán excesivos. Por lo tanto, al terminar la presentación puede mandarnos una factura detallada. |
| *Pilar Vázquez:* | ¿A qué dirección? |
| *José Manuel Galán:* | Aquí, a la delegación de Vigo, y les mandaremos un cheque. |
| *Pilar Vázquez:* | Muy bien. Y se me acaba de occurir otra idea. Si Clarasol nos proporciona el aceite el día de la presentación, nosotros podríamos cocinar todas las comidas del hotel con él y pondríamos un cartel en la entrada anunciándolo. |
| *José Manuel Galán:* | No es mala idea. Ustedes consiguen aceite gratis por un día . . . |
| *Pilar Vázquez:* | . . . ¡Y ustedes publicidad! |
| *José Manuel Galán:* | Creo que hemos acertado eligiendo el Hotel Europa. |

## Actividades

**A  Responde**

1 ¿Cuál es el último detalle que queda por aclarar?

2 ¿Qué necesita saber Pilar?

3 ¿Qué opina el señor Galán de los gastos?

4 ¿Cómo quiere José Manuel Galán la factura?

5 ¿Cómo pagará Clarasol la factura?

6 ¿Qué idea se le ha ocurrido a Pilar?

7 ¿Qué opina José Manuel Galán?

---

**¡Mira!**

SUGERIR/INVITAR

| | |
|---|---|
| ¿Por qué no<br>¿Qué te parece si }<br>¿Y si | alquilas una oficina más grande? |
| Estoy pensando que<br>  sería una buena idea | alquilar una oficina más grande. |
| ¿(No) te gustaría | alquilar una oficina más grande? |
| A ver si | vienes a ver mi nueva oficina. |

ACEPTAR
De acuerdo
Estupendo
Claro
Vale

DECLINAR

| Me gustaría pero es que | no puedo. |
| Prefiero | seguir en ésta. |
| Es que he decidido | esperar hasta el próximo año. |
| Es que | no tengo tiempo de ver locales nuevos ahora. |
| Lo siento | estoy muy ocupado/a. |

**B    Repasa**

Coloca la respuesta adecuada de la lista a cada sugerencia.

**1** ¿Por qué no terminamos el informe mañana?

.......................................................................................

**2** A ver si instaláis un contestador automático.

.......................................................................................

**3** ¿Y si le proponemos un descuento?

.......................................................................................

**4** ¿Qué le parece si colocamos anuncios en vallas publicitarias?

.......................................................................................

**5** ¿No os gustaría cambiar de empleo?

.......................................................................................

**6** Estoy pensando que sería una buena idea terminar ahora y nos vamos a cenar.

.......................................................................................

**7** A ver si vienes a ver mi nuevo despacho.

.......................................................................................

**8** ¿Podrían mandarnos la mercancía por avión?

.......................................................................................

- Nos gustaría pero es muy caro.
- Vale.
- Claro que nos gustaría, aquí trabajamos mucho y ganamos poco.
- Es que mañana no vendré a la oficina.
- Lo siento, el contrato especifica que irá por camión.
- De acuerdo. Yo también tengo hambre.

- Prefiero anuncios en la radio.
- Es que el director ha dicho que ésa es su última oferta.

**C   Juan quiere trabajar en un banco**

Como sabes, Juan ha perdido su trabajo y ha estado buscando otro. Un compañero de la Universidad le ha dicho que el Banco de Vigo necesita auxiliares administrativos y que el mismo banco está ofreciendo unos seminarios sobre La Banca. Juan ha decidido presentarse a las oposiciones que el Banco de Vigo convocará dentro de dos meses, por lo tanto se ha matriculado en los seminarios.

Escucha en el casete la primera charla a la que ha asistido y después ayuda a Juan a hacer el ejercicio que consiste en rellenar los huecos de las siguientes frases.

1  No veo inconveniente en concederle un ................. por esa cantidad.

2  Debido a un error en el envío anterior, esta vez no quieren pagar al .................

3  Siempre han pagado puntualmente y nuestras ................. ................. ................. nunca han sido rechazadas.

4  Con las ................. ................. ................. se pueden realizar compras sin entregar dinero en .................

5  El mensajero ha ido a correos para enviar un ................. .................

6  Hoy en día se paga más con ................. que en efectivo.

7  Como han pagado al contado quieren una ................. y también un .................

8  Necesito un contestador automático, pero me gustaría saber si puedo pagarlo a .................

## *Algo de España*

### Los españoles y los negocios _____

- Para hacer negocios es imprescindible conocer a las personas con las que se va a tratar. Dada las diferencias regionales en España, es lógico que la forma de hacer negocios variará de un lugar a otro. No es siempre lo mismo tratar con un catalán que con un vasco, un gallego o un andaluz.

- Los catalanes son más europeos en su forma de actuar, mientras que conseguir la confianza de un andaluz requiere tacto y paciencia. Además de la diversidad regional, la diferencia de edades dentro de una empresa puede ocasionar recelos e incluso malos entendidos, ya que la jerarquía es muy formal. Es importante saber desde un principio quién es quién dentro de la empresa pues el contacto

personal es muy importante. Por tanto, lo primero que se debe hacer es identificar a la persona con la que se llevará el negocio a cabo.

- No hay que extrañarse de lo que aparentemente puede parecer falta de actividad, cuando las reuniones se prolongan y no se llega a ninguna conclusión. Sucede que, en general, al español le gusta pensar las cosas detenidamente antes de tomar ninguna decisión. Esto puede implicar que la reunión se extienda hasta abarcar una

comida o una cena, donde no se debe hablar de negocios ni tratar de consumir la misma cantidad de alcohol que su anfitrión. Aunque el español bebe mucho, no ve con buenos ojos al que no sabe beber.

- El español es además muy celoso de su intimidad y no invitará a alguien a su casa, o presentará a su familia hasta no conocer bien a la otra persona. La típica imagen del español extrovertido debe olvidarse a la hora de hacer negocios. Si es invitado a su casa es un signo de confianza, y nunca se debe llevar un regalo en la primera ocasión, aunque se puede llevar un ramo de flores a la señora de la casa. Sin embargo, en la relación comercial los regalos son aceptables.

- Lo que un español admira más en un inglés por ejemplo, es la educación, la tradición y la puntualidad aunque en este último punto es necesario aclarar que no siempre mostrará mucho cuidado para que dicha admiración sea recíproca.

- Con mucha burocracia aun para los asuntos más simples, es importante no tanto quién se es como a quién se conoce.

## ¿Qué crees?

1 ¿Crees que los esterotipos son válidos?
2 ¿Piensas que podrías dar tu opinión de cómo es un español?
3 ¿Existen en tu país diferencias regionales importantes?
4 ¿Te parece que gente de ciertas zonas tiene una especial cualidad para los negocios?
5 La frase *Es importante no tanto quién se es como a quién se conoce* ¿puede aplicarse a tu país?

## Action checklist

*Make sure you can:*

- *express a hypothetical situation*
  Me gustaría tener un despacho más grande
  Nos agradaría hacerle un descuento, pero lamentablemente no podemos

- *make and respond to suggestions*
  ¿Qué te parece si continuamos mañana?
  Sería estupendo, pero tenemos que entregar el trabajo hoy.

  ¿Por qué no mandamos a un representante a la feria de muestras?
  Bueno, vale.

- *give reasons for your decisions*
  ¿Por qué no has aceptado el puesto de trabajo?
  Es que el sueldo que ofrecen no es suficiente.

- *report on what someone has said about future plans*
  ¿Qué te ha dicho el jefe de personal?
  Que estudiaría el problema detenidamente.

# Key phrases

## 1 Socializing

### Introductions

#### Saying who you are

(Yo) soy el señor Smith  *I'm Mr. Smith*
Me llamo Brian Smith  *My name's Brian Smith*
Mi nombre es Brian Smith
Soy el director de ventas de Hispanosa  *I'm the Sales Manager of Hispanosa*

#### Introducing someone else

Le presento a la señorita Bravo  *This is Miss Bravo*
Aquí está el señor García  *Here is Mr. García*
El señor Galán de Clarasol S.A.  *Mr. Galán from Clarasol*

#### Responding to introductions

Encantado  *How do you do?*
Mucho gusto  *Pleased to meet you*

### Courtesies and small talk

#### Initial contact

¿Qué desea?  }
¿En qué puedo servirles?  }  *What can I do for you?*
¿Qué tal?  *How's things?*
¿Quieren sentarse?  *Would you like to take a seat?*
¿Puedo hablar con usted?  *Can I have a word with you?*

#### Courtesies and recommendations

¿Quiere tomar algo?  *Would you like something to drink?*
Gracias  *Thank you*
Muchas gracias  *Thank you very much*
Me gustaría  *I would like*
Recuerde que mañana estarán aquí  *Remember that tomorrow they will be here*
No olvide avisar al mensajero  *Don't forget to tell the messenger*
Despídeme de . . .  *Say goodbye to . . .*
Me gustaría hablar con usted  *I'd like to talk to you*

### Eating out

¿Tiene una mesa libre?  *Do you have a table free?*
Aquí tiene el menú  *Here is the menu*
¿Qué van a tomar?  *What will you have?*

#### Expressing likes and dislikes

Yo quiero un té  *I'd like (I want) a tea*
Un café para mí  *A coffee for me*
¡Qué vista tan hermosa!  *What a beautiful view!*
Esta semana es terrible  *This week is terrible*
Me gusta mucho el hotel  *I like the hotel a lot*
No me gusta el ambiente  *I don't like the atmosphere*
No me gusta nada  *I don't like it at all*
Es un buen hotel  *It's a good hotel*
Es demasiado grande  *It's too big*
El servicio es excelente  *The service is excellent*
Es el peor del mercado  *It's the worst one on the market*
Es usted una vendedora excelente  *You're an excellent saleswoman*
Me gustaría saber más  *I'd like to know more*

### Talking about time

¿Puede concertar una cita para mañana?  *Can you arrange an appointment for tomorrow?*
¿A qué hora?  *At what time?*
Sobre las 10  *At about 10*
¿Alguna fecha en concreto?  *On any specific date?*
¿Cuántos días va a durar?  *How many days is it going to last?*
El jueves tenemos otra cita  *On Thursday we have another appointment*
Acaba de llegar  *He/She/It has just arrived*
No sé cuánto va a tardar  *I don't know how long it's going to take*
A primera hora de la mañana  *First thing in the morning*

### Apologising

Me temo que no va a ser posible  *I'm afraid that won't be possible*

¿Me disculpan un momento?  *Would you excuse me a moment?*

Perdón pero no estoy de acuerdo  *Sorry but I don't agree*

Lamentablemente . . .  *Unfortunately . . .*

Lo siento pero . . . no está  *I'm sorry but . . . is not here*

**How to respond**

No se procupe  *Don't worry*

¡Claro!  *Of course!*

## 2   Meetings

### Procedure

Es sobre la reunión que . . .  *It's about the meeting that . . .*

A propósito  *By the way*

Quiero estar seguro de que . . .  *I want to be sure that . . .*

Todavía no  *Not yet*

Lo que sucede es que . . .  *The situation is that . . .*

Lo que tenemos que hacer es . . .  *What we have to do is . . .*

El último punto del orden del día . . .  *The last item on the agenda*

Julio tiene la palabra  *Julio has the floor*

No hay nada más hoy ¿verdad?  *There is nothing else today, is there?*

Después de estudiarlas detalladamente  *After studying them in detail*

Hemos llegado a la conclusión de que . . .  *We have arrived at the conclusion that . . .*

El único detalle que queda por resolver . . .  *The only detail that is left to sort out . . .*

### Eliciting information

Necesito saber si . . .  *I need to know whether . . .*

¿Sabes algo de . . . ?  *Do you know anything about . . . ?*

Es sobre . . .  *It's about . . .*

¿Qué equipo técnico necesitamos?  *What technical equipment do we need?*

Estoy interesado en saber qué más hace  *I am interested in knowing what else you make*

¿Qué opina?  *What do you think?*

¿Qué facilidades de pago puede ofrecer?  *What easy payment terms can you offer?*

¿Qué le parece?  *What do you think (of it)?*

¿Hay algún problema?  *Is there any problem?*

Me pregunto si sería posible . . .  *I wonder if it would be possible . . .*

### Providing information

Hay . . .  *There is/There are . . .*

Aquí tiene  *Here you are*

Pues además de . . .  *Well, apart from . . .*

Tengo la impresión de que . . .  *I have impression that . . .*

No estoy seguro  *I'm not sure*

Lo que sucede es que . . .  *The fact is that . . .*

### Asking for opinions

¿Por qué no telefonea . . . ?  *Why don't you telephone . . . ?*

¿Usted cree que tienen suficiente experiencia?  *Do you think they've got enough experience?*

¿Qué opina?  *What do you think?*

¿En qué quedamos?  *What do we decide to do then?*

¿Qué le parece el Hotel Europa?  *What do you think of the Hotel Europa?*

¿Tienes alguna duda?  *Do you have any doubts?*

¿Alguien tiene alguna objeción?  *Does anybody have any objections?*

### Providing opinions

Esa idea no está nada mal  *That's not a bad idea*

Yo creo que . . .  *I think that . . .*

Yo creo que no  *I don't think so*

Sí, tienes razón  *Yes, you're right*

Sí, quizás sí  *Yes perhaps*

Creo que es mejor . . .  *I think it's better . . .*

Aunque tengo que decir . . .  *Although I must say . . .*

No creo que deban . . .  *I don't think they should . . .*

Estoy segura de que . . .  *I'm sure that . . .*

Pienso que a las ocho y media . . .  *I think that at half past eight . . .*

Depende de si los delegados . . .  *It depends on whether the representatives . . .*

### Prioritizing

En primer lugar  *In the first place*

Primero  *First*

Luego voy a redactar un informe  *Then I'm going to write a report*

Además  *Furthermore*

Más tarde  *Later*

Seguidamente  *Next*

Finalmente  *Finally*

Y ahora lo que tenemos que hacer es . . .  *What we have to do now is . . .*

Por su parte . . .  *On your part . . .*

Hemos llegado a la conclusión de que . . .  *We have arrived at the conclusion that . . .*

A parte de lo que he dicho antes  *In addition to what I said earlier*

Por estas razones  *For these reasons*

# 3  Negotiations

## Marking stages

Es sobre . . .  *It's about . . .*

Como sabes . . .  *As you know . . .*

Algo muy importante es . . .  *An important thing is . . .*

Antes de ver . . .  *Before seeing . . .*

Quiero estar seguro de que . . .  *I want to be sure that . . .*

Todo se dispone a conveniencia del cliente  *Everything is arranged for the convenience of the client*

Por lo que me dice  *From what you tell me*

Lo único que tenemos que tener es . . .  *All we need to have is . . .*

Si llegamos a un acuerdo  *If we reach an agreement*

Estamos pensando en cambiar  *We are thinking of changing*

Creo que están dispuestos a negociar  *I think they are prepared to negotiate*

Y no solo eso  *And not only that*

Se trata de hacerles un descuento  *It's about giving you a discount*

Mi propuesta es un descuento de  *My proposal is a discount of*

Puedo asegurarle  *I can assure you*

Me pregunto si sería posible?  *I wonder if it would be possible?*

## Expressing agreement

No veo inconveniente  *I can't see any problem*

Por supuesto  *Of course*

En seguida  *Right away*

Muy bien  *Very well*

Perfectamente  *Of course*

Estoy de acuerdo  *I agree*

Sí, es verdad  *Yes, that's true*

En cierto modo tiene razón  *In a way you're right*

En principio están de acuerdo  *They agree in principle*

Sí, claro  *Yes, of course*

Bien pensado  *Good thinking*

## Confirming

No se procupe  *Don't worry*

Digamos el miércoles  *Let's say Wednesday*

Vale  *O.K.*

De acuerdo  *Agreed*

Eso es  *That's right*

Supongo que ya has tomado una decisión  *I suppose you have already reached a decision*

No, claro que no  *No, of course not*

Aún no  *Not yet*

Necesitamos estar seguros de  *We need to be sure of*

No solamente tenemos fax sino también télex  *We have not only a fax but a telex too*

## Expressing certainty

No cabe duda  *There's no doubt*

Estoy seguro  *I'm sure*

No lo niego  *I can't deny it*

Todo estará a punto  *Everything will be ready*

Nuestra oferta es muy competitiva  *Our offer is very competitive*

Estoy convencido  *I'm convinced*

Claro está  *Of course*

Puedo asegurarle que no tendrán ninguna queja  *I can assure you that you'll have no complaints*

Voy a confirmar el pedido  *I'll confirm the order*

## Expressing disagreement

No estoy de acuerdo  *I don't agree*

¡Qué va!  *Not at all! Nonsense!*

No puede ser el jueves  *It can't be on Thursday*

Lamentablemente no  *Unfortunately not*

Sí, pero en cambio . . .  *Yes, but on the other hand . . .*

No puedo prometer nada  *I can't promise anything*

Pero tengo que decir que . . .  *But I must say that . . .*

Me temo que no va a ser posible  *I'm afraid that won't be possible*

El único problema con los dos es . . .  *The only problem with both is . . .*

## Expressing doubt

Pues, no sé  *Well, I don't know*

Quizá tienes razón  *Perhaps you're right*

No estoy seguro  *I'm not sure*

Sí, tal vez  *Yes, maybe*

Lo dudo   *I doubt it*
Puede ser   *It's possible*
Me parece que no es una buena idea   *I don't think
  it's a good idea*

No sé que decir   *I don't know what to say*
Vamos a ver   *Let's see*
Creo que sí   *I think so*

## 4   Telephoning

### Making contact

Hotel Europa,  buenos días,
                buenas tardes
                dígame
*Hotel Europa,  good morning
                good afternoon
                hello*
¿Me puede poner con el departamento de ventas
  por favor?   *Can you put me through to the Sales
  Department please?*
Ventas, ¿dígame?   *Sales, hello*
¿Qué desea?   *What can I do for you?*

### Identifying yourself and others

Mi nombre es . . .   *My name is . . .*
Soy la secretaria particular de . . .   *I'm personal
  assistant to . . .*
Puedo hablar con . . . por favor   *Can I speak to . . .
  please*
¿De parte de quién?   *Who's calling?*
La señorita . . . está al teléfono   *Miss . . . is on the
  phone*

### Sorting things out

Lo siento, pero no está en este momento   *I'm sorry,
  he's not here at the moment*
Tal vez yo puedo ayudar   *Perhaps I can help*
¿Sabe cuándo va a regresar?   *Do you know when
  he'll be back?*
Está visitando a unos clients   *He's visiting
  customers*
Voy a ver si está   *I'll just go and see if he's here*
Nadie me ha contestado   *Nobody answered*
Un momento   *One moment*

### Ringing off

Muchas gracias   *Thank you very much*
Hasta luego   *See you later*
Vale. Hasta el miercoles   *Fine. See you on
  Wednesday*

# Grammar

## Nouns

### 1 Gender, the definite and indefinite articles

Nouns in Spanish are either masculine or feminine. As a general rule, nouns ending in **-o** are masculine M, and those ending in **-a** are feminine F. The definite (*the*) and indefinite (*a/an*) articles which accompany both singular and plural nouns are shown in the table below.

|  |  | Singular | Plural |
|---|---|---|---|
| **Definite** | M | *el* | *los* |
|  | F | *la* | *las* |
| **Indefinite** | M | *un* | *unos* |
|  | F | *una* | *unas* |

| | |
|---|---|
| *el* teléfono | *los* productos |
| *la* compañía | *las* salas |
| *un* número | *unos* bancos |
| *una* oficina | *unas* secretarias |

For nouns ending in **-e** or a consonant it is necessary to learn the proper gender. However, the majority of nouns ending in **-e** are masculine and those ending in **-ción**, **-sión** are feminine.

*el* jefe  *la* traduc**ción**  *el* viaje  *la* inver**sión**

### 2 Plurals

The plural of nouns ending in a consonant is formed by adding **-es** to the word.

*las* traducciones  *unas* inversiones

## Adjectives

### 3 Agreement

Most adjectives in Spanish end in **-o**. Adjectives must agree in gender and number with the noun they modify, so if the noun is feminine and singular, the adjective will end in **-a**. For plural nouns the adjective just adds an **-s**.

| | |
|---|---|
| *el* producto es nuevo | *los* productos son nuevos |
| *la* sala es pequeña | *las* salas son pequeñas |

Adjectives ending in **-e** are the same for both masculine and feminine singular nouns, and simply add an **-s** for plural nouns.

| | |
|---|---|
| *el* producto es excelente | *los* productos son excelentes |
| *la* sala es excelente | *las* salas son excelentes |

Adjectives ending in a consonant are the same for both masculine and feminine nouns in the singular, and add **-es** in the plural.

| | |
|---|---|
| *el* hotel es popular | *los* hoteles son populares |
| *la* marca es popular | *las* marcas son populares |

Descriptive adjectives follow the noun. However there are some exceptions to this rule.

### 4 Apocopated adjectives

Several adjectives have a shortened form in the masculine singular when they go before the noun:

| | |
|---|---|
| bueno | Es un **buen** hotel |
| malo | Es un **mal** asunto |
| primero | La oficina está en el **primer** piso |
| tercero | El contable está en el **tercer** piso |
| alguno | ¿Tiene **algún** libro sobre informática? |
| ninguno | No tengo **ningún** libro sobre informática |
| ciento | La compañía tiene **cien** empleados |

### 5 Demonstrative adjectives

Demonstrative adjectives (*this, that, these, those*) also come before the noun, and agree in gender and number.

|   | Singular (this) | Plural (these) |
|---|---|---|
| M | este | estos |
| F | esta | estas |
|   | (that) | (those) |
| M | ese/aquel | esos/aquellos |
| F | esa/aquella | esas/aquellas |

me gusta **este** hotel

**aquel** hombre es inglés

**estas** fotocopiadoras son excelentes

**aquellas** fábricas son de Clarasol

*Ese* refers to something close to the person addressed, while *aquel* refers to something at a distance from both the speaker and the person addressed.

## 6 Possessive adjectives

Possessive adjectives also come before the noun and agree in number only (except for **nuestro** (*our*) and **vuestro** (*your*), which also have a feminine form).

|   | Singular | Plural |
|---|---|---|
| **my** | mi | mis |
| **your** | tu | tus |
| **his** | | |
| **her** | su | sus |
| **its** | | |
| **our** | nuestro/nuestra | nuestros/nuestras |
| **your** | vuestro/vuestra | vuestros/vuestras |
| **their** | su | sus |

nuestro hotel es moderno

nuestra fábrica es moderna

sus ideas son innovativas

sus productos son innovativos

NOTE: In phrases such as *sus ideas son innovativas* or *su compañía* etc. it is impossible, out of context, to tell whether the adjective means 'his', 'her', 'its', 'your' or 'their'. However, as the possessive adjective agrees with the thing possessed, not the possessor, the meaning is usually clear from the context of the sentence.

# Comparatives and superlatives

## 7 Comparison of superiority

To form the comparative of adjectives the following construction is used:

*más + adj. + que*

La sala Barcelona es **más** grande **que** la sala Vigo

When the comparative is followed by a number, the construction *más de* is used instead of *más que*:

La empresa tiene **más de** cien empleados

Four adjectives have irregular forms for the comparative. These are:

bueno →mejor
malo →peor
grande →mayor
pequeño →menor

El Hotel Europa es **mejor que** el Hotel Don Pedro

## 8 Comparison of equality

To form the comparative of equality of adjectives the following construction is used:

*tan + adj. + como*

Carmen es **tan** eficiente **como** Pilar

NOTE: To express a comparison of inferiority it is possible to use the construction
*menos* + adj. + *que*, but is more normal to use a negative verb with a comparison of equality.

Juan es **menos** inteligente **que** Jorge
Juan **no** es **tan** inteligente **como** Jorge

## 9 Superlative of adjectives

To form the superlative of adjectives the following construction is used:

*más + adj. + de*

However, one of the forms of the definite article (*el, la, los, las*) is always placed before *más*, and agrees with the noun being described.

Este hotel es **el más** elegante **de** la ciudad
Estas computadoras son **las más** rápidas **del** mercado

The same rule applies for the irregular adjectives described above.

El Hotel Europa es **el mejor de** todos

# Pronouns

## 10  Personal pronouns

**Singular**

| | |
|---|---|
| **I** | yo |
| **you** (informal) | tú |
| **you** (formal) | usted |
| **he** | él |
| **she** | ella |

**Plural**

| | |
|---|---|
| **we** | nosotros/nosotras |
| **you** (informal) | vosotros/vosotras |
| **you** (formal) | ustedes |
| **they** | ellos |
| **they** | ellas |

## 11  Reflexive pronouns and verbs

Reflexive verbs are those where the action is both executed and received by the subject. Reflexive verbs are conjugated in the same way as other verbs, but they need a reflexive pronoun between the subject and the verb. The reflexive pronouns in Spanish correspond to the English pronouns *myself, yourself, himself, ourselves* etc. Here is an example of a common reflexive verb with the corresponding pronouns.

**Llamarse**

| | | | |
|---|---|---|---|
| (yo) | **me** llamo | (nosotros/as) | **nos** llamamos |
| (tú) | **te** llamas | (vosotros/as) | **os** llamáis |
| (él) (ella) (usted) | **se** llama | (ellos) (ellas) (ustedes) | **se** llaman |

○ *¿Quién es **ella**?*
● *Es la secretaria del director.*
○ *¿Cómo **se** llama?*
● *Se llama Begoña.*

# Verbs

## 14  Conjugations and pronouns

Spanish verbs are in three groups or conjugations:
The first conjugation verbs are those ending in **-ar** (*hablar, llamar*, etc.).
The second conjugation verbs are those ending in

## 12  Direct and indirect object pronouns

| | Direct | Indirect |
|---|---|---|
| **Singular** S | me | me |
| | te | te |
| | lo | le |
| | la | |
| **Plural** P | nos | nos |
| | os | os |
| | los | les |
| | las | |

Direct and indirect pronouns have the same position in phrases as reflexive pronouns, i.e. directly before the verb. We use these pronouns to substitute the noun when we know what/who we are talking about.

○ *¿Quién tiene los **informes**?*
● ***Los** tiene la secretaria*

○ *¿Por qué está **Juan** tan contento?*
● *Porque el jefe **le** ha dado un aumento de sueldo*

However, object pronouns are usually attached to an infinitive, a present participle and affirmative commands, although in the first two cases they may also precede the principal verb.

○ *¿Qué haces con esa **carta**?*
● ***Voy a abrirla** = **La** voy a abrir*

○ *¿Qué estás haciendo con los **informes**?*
● *Estoy leyéndo**los** = **Los** estoy leyendo*

○ *¿Qué hago con los **informes**?*
● *¡Póngalos en el archivador!*

## 13  *Se* as a substitute for the passive voice

When the doer of the action is not expressed or not important, the reflexive pronoun *se* is often used with the third person singular or plural of the verb.

*Se habla español*
*Se venden oficinas*

**-er**, (*creer, aprender*, etc.).
And the third conjugation verbs are those ending in **-ir** (*vivir, escribir*, etc.).

Subject pronouns are used only for emphasis or

when required for clarity, because the ending of the verb varies according to the subject.

When talking to friends or close relatives the *tú* and *vosotros* form of the verb should be used. Otherwise the *usted* and *ustedes* form of the verb should be used. *Usted* and *ustedes* are the formal singular and plural forms used when addressing someone older than yourself or someone you do not know well.

## 15 Present tense of regular verbs _____

|  | **-AR** *exportar* | **-ER** *vender* | **-IR** *subir* |
|---|---|---|---|
| **S** | | | |
| (yo) | export**o** | vend**o** | sub**o** |
| (tú) | export**as** | vend**es** | sub**es** |
| (él) | | | |
| (ella) | export**a** | vend**e** | sub**e** |
| (usted) | | | |
| **P** | | | |
| (nosotros) | export**amos** | vend**emos** | sub**imos** |
| (vosotros) | export**áis** | vend**éis** | sub**ís** |
| (ellos) | | | |
| (ellas) | export**an** | vend**en** | sub**en** |

## 16 *Ser* and *Estar* _____

There are two verbs in Spanish for the English verb 'to be' and these are *ser* and *estar*. These two verbs have different uses and are not interchangeable.

|  | **Ser** | **Estar** | **to be** |
|---|---|---|---|
| **S** | soy | estoy | I am |
| | eres | estás | you are |
| | | | he |
| | es | está | she } is |
| | | | it |
| **P** | somos | estamos | we are |
| | sois | estáis | you are |
| | son | están | they are |

*Ser* is used:

a) to establish the identity and the profession of the subject.

*Ella es Carmen*
*Ellos son economistas*

b) with adjectives which express a permanent quality or characteristic, including adjectives of nationality, colour, shape, size, etc.

*Yo soy española*

*El coche es rojo*
*Las oficinas son grandes*

c) with the preposition *de* to show origin, material or possession

*Pilar es de Vigo*
*Las botellas son de plástico*
*La agenda es de Pedro*

d) to express time and dates

*Son las tres y media*
*Hoy es miércoles*

*Estar* is used:

a) to express location

*Vigo está en España*
*El Sr. Galán y el Sr. Lorca están en la oficina de Pilar Vázquez*

b) with an adjective to indicate a temporary or variable state or condition of the subject

*Ellos están cansados*
*El café está caliente*

c) to form the present continuous

○ *¿Qué estás haciendo?*
● *Estoy estudiando el análisis económico del último año*

d) with the present participle to describe the result of a previous action. In this case the participle acts as an adjective therefore it agrees in gender and number with the subject.

*Los bancos están cerrados por la tarde*
*En este momento el Sr. Collazo está ocupado*

## 17 Hay _____

'There is' and 'there are' are both translated as *hay*

○ *¿Hay alguien en la oficina los sábados?*
● *No, no hay nadie*

*En el hotel hay tres salas de conferencias*

## 18 Tener _____

This an irregular verb which translates as 'to have'.

| **Singular** | tengo |
|---|---|
| | tienes |
| | tiene |
| **Plural** | tenemos |
| | tenéis |
| | tienen |

*Tener* is used in certain set expressions:

a)  to indicate possession

   *Tengo* mucho dinero en el banco
   Ellos *tienen* una casa en España

b)  to express age

   *Tengo* veintitrés años

c)  Other common idiomatic expressions with *tener* are

| | |
|---|---|
| tener dolor de cabeza | to have a headache |
| tener hambre | to be hungry |
| tener sed | to be thirsty |
| tener miedo | to be afraid |
| tener sueño | to be sleepy |
| tener razón | to be right |
| tener suerte | to be lucky |
| tener prisa | to be in a hurry |
| tener calor | to be hot |
| tener frío | to be cold |

## 19  How to express obligation

There are three principle ways of using verbs to express obligation in Spanish:

*Tener que* indicates something we have to or need to do.
*Hay que* expresses a more impersonal obligation.
*Deber* indicates a less strong obligation as if you were giving advice and telling someone what they ought to do.

These three verbs are followed by the infinitive of the verb which indicates the action:

No puedo salir a tomar un café porque *tengo que terminar* el informe hoy
*Hay que revisar* las cuentas una vez al mes
El médico me ha dicho que *debo fumar* menos

## 20  Ir

The verb *ir* translates as 'to go'; it is one of the most irregular verbs in Spanish.

**Singular**  voy
       vas
       va
**Plural**   vamos
       vais
       van

When using the verb to indicate destination, the preposition *a* must follow the verb:

○ ¿A dónde *vas*?
● *Voy a* la oficina

## 21  Expressing a future idea or intention

The construction *ir* + *a* + infinitive is used to express a future intention, and corresponds with the English 'to be' + 'going to' + infinitive:

Ellos *van a ir* a Madrid mañana

## 22  Hacer

*Hacer* is another irregular verb, which translates as both 'to do' and 'to make'.

**Singular**  hago
       haces
       hace
**Plural**   hacemos
       hacéis
       hacen

Juan no *hace* nada los domingos
En nuestra oficina *hacemos* los balances el último miércoles de cada mes

*Hacer* is also used to describe certain weather conditions:

| | |
|---|---|
| ¿Qué tiempo hace? | What is the weather like? |
| Hace frío | It is cold |
| Hace calor | It is hot |
| Hace viento | It is windy |
| Hace buen tiempo | It is good weather |
| Hace mal tiempo | It is bad weather |
| Hace sol | It is sunny |

## 23  Irregular verbs: present tense

**verbs which change their stem**

a)  From **e** to **ie**

| | -ar | -er | -ir |
|---|---|---|---|
| | *pensar* | *querer* | *preferir* |
| S | pienso | quiero | prefiero |
| | piensas | quieres | prefieres |
| | piensa | quiere | prefiere |
| P | pensamos | queremos | preferimos |
| | pensáis | queréis | preferís |
| | piensan | quieren | prefieren |

Other verbs which follow the same rule:

*empezar, cerrar, comenzar, despertarse, sentarse,* etc.
*atender, defender, entender, perder,* etc.
*sentir, invertir, mentir, sugerir,* etc.

b)   From **o** to **ue**

| **-ar** | **-er** | **-ir** |
|---|---|---|
| *encontrar* | *poder* | *dormir* |

| | **-ar** | **-er** | **-ir** |
|---|---|---|---|
| S | encuentro | puedo | duermo |
| | encuentras | puedes | duermes |
| | encuentra | puede | duerme |
| P | encontramos | podemos | dormimos |
| | encontráis | podéis | dormís |
| | encuentran | pueden | duermen |

Other verbs which follow the same rule:

*almorzar, costar, acostarse,* etc.
*volver, llover, doler,* etc.
*morir,* etc.

c)   From **e** to **i**

This change only applies to verbs of the third conjugation.

**-IR**

**pedir**

| | |
|---|---|
| S | pido |
| | pides |
| | pide |
| P | pedimos |
| | pedís |
| | piden |

Other verbs which follow the same rule:

*impedir, medir, despedir, reir,* etc.

**Verbs which are irregular in the first person singular**

**conocer:**  conozco, conoces, etc.
**traducir:**  traduzco, traduces, etc.
**conducir:**  conduzco, conduces, etc.
**producir:**  produzco, produces, etc.
**hacer:**  hago, haces, etc.
**poner:**  pongo, pones, etc.
**salir:**  salgo, sales, etc.
**dar:**  doy, das, etc.
**ver:**  veo, ves, etc.
**saber:**  sé, sabes, etc.
**traer:**  traigo, traes, etc.

**Verbs which are irregular in the first person singular and a vowel change**

**decir:**  digo, dices, dice, decimos, decís, dicen.
**tener:**  tengo, tienes, tiene, tenemos, tenéis, tienen.

**venir:**  vengo, vienes, viene, venimos, venís, vienen

# 24   Verbs used with indirect objects

Certain verbs in Spanish are always used with an indirect object. These verbs include:

*gustar, encantar, agradar, parecer, sorprender, doler,* etc.

**gustar**

| me | | | |
|---|---|---|---|
| te | } | gusta | España/escribir a máquina |
| le | | | |

| nos | | | |
|---|---|---|---|
| os | } | gustan | los españoles/las computadoras |
| les | | | |

*Me gusta la contabilidad*
*Me gustan los coches deportivos*

*A Juan le duele la cabeza*
*A María le duelen los pies*

*A nosotros nos encanta el Hotel Europa*
*Pero no nos agradan los otros hoteles*

# 25   Present continuous _____

In Spanish the present continuous is formed using the verb *estar* + present participle. The present participle is formed by adding **-ando** to the stem of **-AR** verbs, and **-iendo** to **-ER** and **-IR** verbs.

| **(hablar)** | *Jorge **está** habl**ando** por teléfono* |
|---|---|
| **(vender)** | *La compañía **está** vend**iendo** mucho últimamente* |
| **(escribir)** | ***Estoy** escrib**iendo** una carta* |

There are some verbs which form their participle irregularly:

| **ir:** | yendo | **leer:** | leyendo |
|---|---|---|---|
| **construir:** | construyendo | **oir:** | oyendo |
| **distribuir:** | distribuyendo | **caer:** | cayendo |
| **sentir:** | sintiendo | **pedir:** | pidiendo |
| **decir:** | diciendo | **venir:** | viniendo |

# 26   Present perfect _____

The present perfect is formed with the present tense of the verb *haber* and a past participle of a verb.

|          | *Haber* |
|----------|---------|
| **Singular** | he |
|          | has |
|          | ha |
| **Plural** | hemos |
|          | habéis |
|          | han |

The past participle is formed by adding **-ado** to the stem of **-AR** verbs and **-ido** to the stem of **-ER** and **-IR** verbs.

*Antonio ya **ha** habl**ado** con el director*
*Aún no **hemos** le**ído** el informe*

The following verbs have irregular past participles:

| abrir: | abierto | **poner:** | puesto |
|--------|---------|------------|--------|
| **cubrir:** | cubierto | **proponer:** | propuesto |
| **descubrir:** | descubierto | **imponer:** | impuesto |
| **escribir:** | escrito | **volver:** | vuelto |
| **freir:** | frito | **devolver:** | devuelto |
| **romper:** | roto | **envolver:** | envuelto |
| **ver:** | visto | **decir:** | dicho |
| **morir:** | muerto | **hacer:** | hecho |

*El director ha **dicho** que la reunión es a las tres*
*Todavía no hemos **visto** las nuevas instalaciones de la fábrica*

## 27  How to give orders

To give orders and to tell people to do things we use the imperative mode of the verb. When addressing people using the imperative we can either use the informal (*tú*) form, or the formal (*usted*) form.

### Singular

The informal imperative is formed using the third person singular of the verb in the present tense:

| -AR | -ER | -IR |
|-----|-----|-----|
| **hablar** | **comer** | **escribir** |
| habla | come | escribe |

The following verbs have irregular informal imperatives:

| **tener:** | ten | **hacer:** | haz |
|------------|-----|------------|-----|
| **venir:** | ven | **salir:** | sal |
| **ir:** | ve | **poner:** | pon |
| **decir:** | di | **ser:** | sé |

The formal imperative is formed by adding **e** to the stem of the first person singular of the present tense of **-AR** verbs and **a** to the stem of the first person singular of the present tense of **-ER** and **-IR** verbs.

| -AR | -ER | -IR |
|-----|-----|-----|
| **hablar** | **comer** | **escribir** |
| habl- = hable | com- = coma | escrib- = escriba |
| **tomar** | **tener** | **construir** |
| tom- = tome | teng- = tenga | construy- = construya |

The following verbs have irregular formal imperatives:

**dar:** dé  **estar:** esté  **ser:** sea  **ir:** vaya
**saber:** sepa

### Plural

The plural of the informal and formal imperative is formed as follows:

Informal imperative: replace the final **r** of the infinitive with **d**:

**contar:** *contad*  **vender:** *vended*  **venir:** *venid*

Formal Imperative: add an **n** to the singular formal imperative:

**tome:** *tomen*  **tenga:** *tengan*  **vaya:** *vayan*

### Negative

To express a negative informal command or instruction in the singular, simply add an **s** to the formal imperative command and **no** before the verb:

**tome:** *no tomes*  **coma:** *no comas*  **vaya:** *no vayas*

To express a negative formal command or instruction in both singular and plural, simply put **no** before the formal imperative command:

**dé:** *no dé*  **ser:** *no sea*  **escriba:** *no escriba*
**tomen:** *no tomen*  **tengan:** *no tengan*  **vayan:** *no vayan*

## 28  The future

The future tense of all regular verbs is formed in the same way. Simply add **-é, -ás, -á, -emos, -éis, -án** to the infinitive of the verb.

|   | -AR | -ER | -IR |
|---|-----|-----|-----|
|   | **hablar** | **vender** | **invertir** |
| S | hablaré | venderé | invertiré |
|   | hablarás | venderás | invertirás |
|   | hablará | venderá | invertirá |
| P | hablar**emos** | vender**emos** | invertir**emos** |
|   | hablar**éis** | vender**éis** | invertir**éis** |
|   | hablar**án** | vender**án** | invertir**án** |

Some verbs are irregular in the future. The

irregularity occurs in the stem of the verb, not in the ending.

| | | | |
|---|---|---|---|
| **poner:** | pondré | **salir:** | saldré |
| **valer:** | valdré | **venir:** | vendré |
| **caber:** | cabré | **poder:** | podré |
| **decir:** | diré | **hacer:** | haré |

| | |
|---|---|
| **tener:** | tendré |
| **saber:** | sabré |
| **querer:** | querré |

## 29   The conditional

The conditional of all regular verbs is formed in the same way. Simply add **-ía, -ías, -ía, -íamos, -íais, -ían** to the infinitive of the verb.

| | -AR | -ER | -IR |
|---|---|---|---|
| | **hablar** | **vender** | **invertir** |
| S | hablaría | vendería | invertiría |
| | hablarías | venderías | invertirías |
| | hablaría | vendería | invertiría |
| P | hablaríamos | venderíamos | invertiríamos |
| | hablaríais | venderíais | invertiríais |
| | hjablarían | venderían | invertirían |

The same verbs which are irregular in the future are also irregular in the conditional. Simply add the conditional endings to the irregular stem:

*saber:* sabré  sabría

# Prepositions

**30**   The most frequent prepositions are:

**a**   used to indicate:

a)   motion: *Vamos **a** Madrid*
b)   place: *El banco está **a** la izquierda*

**con**   used to indicate:

a)   the means or way of doing something: *Escribo con pluma*
b)   togetherness: *Café **con** leche*
       *Trabajo **con** Luis*

**de**   used to indicate:

a)   possession: *El coche es **de** Carmen*
b)   origin: *Ellos son **de** Barcelona*
c)   material: *La agenda es **de** plástico*

**en**   used to indicate:

a)   place: *Vigo está **en** Galicia*
b)   time taken to do something: *Estaré ahí **en** dos horas*
c)   means: *Vamos **en** tren*

**para**   used to indicate:

a)   destination  *¿Es éste el avión **para** Madrid?*
b)   purpose: *Quiero el dinero **para** comprar un coche*
c)   suitability: *Este libro no es **para** niños*

**por**   used to indicate:

a)   reason: *He trabajado mucho, **por** eso necesito vacaciones*
b)   exchange: *Tenemos que cambiar las pesetas **por** dólares*
c)   percentage: *Nos darán un descuento del 15 **por** ciento*
d)   time expressions: *Viene **por** la mañana*

# Dates

**31**   In Spanish the cardinal numbers are used for dates, although an ordinal number can be used for the first day of each month. When speaking, the article *el* must be used before the number, although this is omitted when writing the date:

*el uno de enero de 1.991*  or  *el primero de enero de 1.991*

**32**   The days of the week and the months of the year are written in lower case letters in Spanish. The days of the week are also preceded by the article *el* or *los*:

*Voy a ir a Madrid **el** lunes*
*No trabajamos **los** sábados*
*Enviaremos el pedido en agosto*

**33**   The years in Spanish are read as if they were a complete number. In written Spanish you will often see a full stop placed between the hundreds and thousands:

1.975 = *mil novecientos setenta y cinco*
1.492 = *mil cuatrocientos noventa y dos*
2.001 = *dos mil uno*

# Glossary

Noun genders are given where they are not immediately clear from the noun (m = masculine, f = feminine).

abarcar   *to include, to extend to*
abogado   *lawyer*
abundante   *abundant, plentiful*
abril   *April*
abrir   *to open*
acabar   *to finish, to come to an end, to put an end to*
— de   *to have just*
acceder   *to enter, to gain admittance*
acción   *action, act; share, stock*
accionista   *shareholder*
aceite (m)   *oil*
aceituna   *olive*
aceptar   *to accept, to approve*
acercamiento   *approach, bringing near*
acero   *steel*
acertar   *to be right, to hit the nail on the head*
aclarar   *to clarify, to explain*
acompañar   *to accompany, to go with*
aconsejar   *to advise, to recommend*
acontecimiento   *event, happening*
acostarse   *to go to bed, to lie down*
actividad (f)   *activity, occupation*
actualmente   *at present, now, nowadays*
actualizar   *to bring up to date, to modernize*
actuar   *to act, to function*
acuerdo   *agreement*
de —   *I agree, agreed*
adecuado   *adequate, fit, suitable*
adelante   *come in!, carry on*
además   *besides, also*
adhesión (f)   *adhesion, membership*
adiós   *goodbye*
adivinar   *to guess, to prophesy*
administración (f)   *administration, management*
adquisición (f)   *acquisition, purchase*
adverso   *adverse; opposite*
aéreo   *aerial, air*
aeropuerto   *airport*
aficionado   *enthusiast, amateur*
afrontar   *to confront, to face up to*
agenda   *diary, notebook*
agente (m/f)   *agent*
agosto   *August*
agradar   *to please, to be to the liking of*
agrario   *agrarian, land*
agresivo   *aggressive*
agrícola   *agricultural, farming*

agrupación (f)   *group, association*
agua   *water*
ahí   *there*
ahora   *now*
ahorro   *economy, saving*
ajo   *garlic*
ajustar   *to adjust, to adapt; to regulate*
alcanzar   *to reach, to amount to, to catch up (with)*
algo   *something*
alguien   *somebody, someone, anybody*
alguno   *some, any*
alimentar   *to feed*
alimento   *food*
almacén (m)   *warehouse, store, depository, shop*
almendra   *almond*
almorzar   *to lunch, to have lunch*
alojar   *to lodge, to stay*
alquilar   *to rent, to let*
ambiental   *environmental*
música —   *piped music*
ambiente (m)   *atmosphere, surrounding, milieu*
amistad (f)   *friendship; acquaintance*
ampliar   *to enlarge, to extend*
amplio   *ample, spacious, extensive*
análisis (m)   *analysis, breakdown*
andaluz   *Andalusian*
andar   *to walk*
anfitrión (m)   *host*
anónimo   *anonymous, nameless; (company) limited*
anterior   *preceding, previous*
antes   *before*
anticuado   *old-fashioned, out-of-date*
antiguo   *old, ancient; former*
anual   *annual*
anunciar   *to announce, to advertise*
anuncio   *advertisement, announcement*
añadir   *to add, to increase*
año   *year*
aparcamiento   *car park, parking lot*
aparentemente   *seemingly; visibly*
aparición (f)   *appearance*
apellido   *surname*
apenas   *hardly, scarcely*
aplicarse   *to apply to, to be relevant to*
aportación (f)   *contribution*
apoyo   *support, backing*
apreciar   *to value, to appreciate*

aprovechar   *to take advantage of, to make good use of; to exploit*
aproximadamente   *approximately*
apto   *suitable, fit*
aquí   *here*
arancel (m)   *tariff, duty*
archivador (m)   *filing cabinet*
archivar   *to file*
archivo   *file, archive*
arder   *to burn*
arma   *weapon*
arquitecto   *architect*
arreglar   *to arrange, to correct, to put right; to repair*
arrepentirse   *to repent, to regret something*
arriba   *above, overhead, upstairs*
arriesgar   *to risk, to endanger*
arroz (m)   *rice*
arruinar   *to ruin*
asa   *handle, grip, lever*
asegurar   *to assure, to affirm, to insure*
asistente (m/f)   *assistant; those present*
asistir   *to attend, to be present; to assist*
asunto   *affair, business*
asustar   *to frighten, to alarm*
atención (f)   *attention*
atender   *to attend to, to pay attention to*
aumentar   *to increase, to add, to raise*
aún   *still, yet*
aunque   *though, although, even though*
automovilismo   *motoring, motor racing*
autopista   *motorway*
autovía   *trunk road*
auxiliar   *auxiliary, assistant*
avanzar   *to advance, to move forward*
avenida   *avenue*
averiguar   *to find out, to guess*
avión (m)   *aeroplane*
avisar   *to warn, to notify, to inform*
aviso   *notice, warning*
ayer   *yesterday*
ayudar   *to help, to assist*
azul   *blue*

bache (m)   *bad patch, slump; pothole*
bahía   *bay*
bailar   *to dance*
bajar   *to lower, to bring down, to go down, to reduce*
bajo   *low, short*

balanza   *balance*
baloncesto   *basketball*
banco   *bank*
banquete (m)   *banquet*
baño   *bath*
barato   *cheap, economical*
barco   *boat, ship*
base (f)   *base, basis*
   — de datos   *database*
bastante   *enough, sufficient, quite*
batir   *to beat, to whisk*
beber   *to drink*
bebida   *drink*
belleza   *beauty*
beneficiar   *to benefit, to profit*
beneficios (m pl)   *benefit, profit, gain, advantage*
bien   *well*
bienvenido   *welcome*
blanco   *white; blank*
bocadillo   *sandwich, roll*
bolígrafo   *biro*
bolsa   *bag; stock exchange, stock market*
bolsillo   *pocket*
bombero   *fireman*
bono   *bond*
   bonos del estado   *government bonds*
borrar   *to erase, to rub out*
botella   *bottle*
bovino   *bovine; cow*
brusquedad (f)   *brusqueness, rudeness, abruptness*
bruto   *gross*
bueno   *good, well*
   buenos días   *good morning*
   buenas tardes   *good afternoon*
burocracia   *bureaucracy, officialdom*
buscar   *to look for*

caballero   *gentleman*
cabello   *hair*
cabeza   *head*
caber   *to fit, to be contained*
cabotaje (m)   *coastal traffic*
cacahuete (m)   *peanut*
cada   *each, every*
cadena   *chain*
cafetera   *coffee pot*
caja   *box, case; cashbox, safe; cashdesk*
cajón (m)   *drawer, till*
caladero   *fishing-grounds*
calamar (m)   *squid*
calculadora   *calculator*
calcular   *to calculate, to work out, to add up*
calendario   *calendar*
calidad (f)   *quality, grade*
caliente   *hot, warm*
calor (m)   *heat, warm*
   tener —   *to be hot*
calzado   *footwear*
calle (f)   *street, road*
camarero   *waiter*

cambiar   *to change, to exchange*
cambio   *change, alteration*
camino   *way, road, path*
camión (m)   *lorry*
campo   *country, countryside*
cancha   *field, pitch, court*
cansado   *tired, weary*
cantidad (f)   *quantity, amount*
capacidad (f)   *capacity, size*
capital (m)   *capital (sum)*
capital (f)   *capital (city)*
cara   *face*
carácter (m)   *character, feature*
cargo   *burden; charge; post, position; duty, obligation*
   hacerse — de   *to take charge of, to assume responsibility for*
carne   *meat*
caro   *dear, expensive*
carpeta   *folder, file, portfolio*
carrera   *career, profession*
carretera   *road, highway*
carta   *letter; map; playing card; menu*
cartel (m)   *poster, placard*
casa   *house, home*
casar   *to marry*
casete (f)   *cassette*
casi   *almost, nearly*
casilla   *section, pigeonhole*
caso   *case, instance*
catalán   *Catalan, Catalonian*
categoría   *category; prestige*
   de —   *distinguished, prominent, important*
causa   *cause, reason, motive*
cebolla   *onion*
celebrar   *to celebrate, to hold*
celoso   *jealous*
cena   *supper, dinner*
cenar   *to have supper, to dine*
centro   *centre, middle*
cerámica   *ceramics, pottery*
cerca   *near, close*
cerrar   *to close, to shut*
ciencia   *science*
cierto   *sure, certain*
   por —   *by the way*
ciudad (f)   *city*
claridad (f)   *clarity, clearness*
claro   *clear; of course*
clase (f)   *class, kind, sort*
cláusula   *clause*
cliente (m/f)   *client, customer*
clima (m)   *climate*
cobre (m)   *copper*
cocina   *kitchen*
cocinar   *to cook*
coche (m)   *car*
colectiva   *collective*
colocar   *to place, to position*
comandita   *sleeping partnership*
comedor (m)   *dining room, restaurant*
comentario   *comment, remark*

comenzar   *to start, to begin*
comer   *to eat*
comercial   *commercial, business*
comercio   *commerce, trade, business*
como   *as, how*
compañía   *company*
competente   *competent, fit*
competidor (m)   *rival, opponent*
completar   *to complete, to finish*
comprar   *to buy*
compras (fpl)   *purchases, shopping*
comprender   *to understand, to realize; to comprise, to include*
comprobar   *to check, to verify, to prove, to confirm*
comprometer   *to compromise oneself, to hold someone to something; to agree formally*
compromiso   *obligation, commitment; engagement*
común   *common*
comunitario   *community, of the Common Market*
con   *with*
conceder   *to concede, to grant, to allow*
concertar   *to arrange*
concreto   *concrete; specific, definite*
conectar   *to connect, to communicate with*
conejo   *rabbit*
conferencia   *conference, meeting*
confiar   *to trust*
confirmar   *to confirm*
conflicto   *conflict*
   — laboral   *labour dispute*
congelado   *frozen*
congelar   *to freeze*
congreso   *congress, convention, conference*
conjunto   *assembly, whole; ensemble*
conocer   *to know; to meet, to get to know*
conocimiento   *knowledge, information*
conseguir   *to obtain, to get, to secure, to attain*
consejero   *director, board member*
   — delegado   *managing director*
consejo   *council, board; piece of advice*
   — de administración   *board of directors*
consenso   *accord, assent*
conserva   *preserved food, tinned food*
constituir   *to constitute, to make up, to form*
construcción (f)   *construction, accounting*
consumidor (m)   *consumer*
contabilidad (f)   *accounts department, accounting*
contable (m/f)   *accountant, book-keeper*
contar   *to count, to tell*
   — con   *to rely on, to count on, to depend on*
al contado   *cash down, for cash*

cotillear    to gossip

continuar    to continue, to resume

contenedor (m)    container, container ship

contestador automático (m)    answering machine

contestar    to answer, to reply

contrato    contract

contribuir    to contribute; to pay taxes

controlar    to control, to supervise; to audit

convencer    to convince, to persuade

convención (f)    convention

conveniencia    usefulness, suitability

convocar    to convoke, to summon

coordinador (m)    coordinator

copia    copy

correcto    correct, right

corregir    to correct

correos (m)    post office

correr    to run, to hurry

corto    short, brief

cosa    thing, matter

costa    coast

costar    to cost

costumbre (m)    custom, habit

cotizar    to quote, to price

crear    to create, to make, to found, to establish

creciente    growing, increasing, rising

crecimiento    growth, increase, rise

crédito    credit
   a —    on credit

creer    to think, to believe

cuadrado    square

cuál    which

cualidad (f)    attribute, characteristic; quality

cuando    when

cuánto    how much, how many

cuantioso    large, substantial, numerous

cuantitativo    quantitative

cubrir    to cover, to fill in (a form)

cuenta    account, bill, calculation
   — de ahorros    savings account

cuestión (f)    question, matter, issue

cuestionario    questionnaire

cubierto    covered

cuidado    care, worry, concern; careful

champiñón (m)    mushroom

chapa    panel, body work

charla    talk, chat

churrasco    barbecue


daño    damage, harm

dar    to give

dato    fact, (piece of) information

de    of, from, in, about, by

debajo    under, underneath, below

deber    must, should, to owe

decenio    decade

decidir    to decide

decisión (f)    decision

decir    to say

declararse    to declare oneself

declinar    to decline, to refuse

dedicar    to dedicate, to devote

defecto    defect, fault

deficitario    in deficit, loss-making

definitivo    definitive, final, ultimate

dejar    to leave; to let, to allow

delegación (f)    local office, branch

delegado    representative, agent

deletrear    to spell (out)

demanda    demand, claim, lawsuit

demás    remaining, rest
   los —    the others

demasiado(s)    too much (many), excessive

dentro    in, within, inside

deporte (m)    sport

derecho    right, right-hand

derivado    derivative

desarmar    to disarm, to take apart, to dismantle

desarrollar    to develop, to expand, to evolve

desarrollo    development

desayuno    breakfast

descansar    to rest

descargar    to unload

desconectar    to disconnect, to switch off

desconocimiento    ignorance

descubrir    to discover, to find, to uncover

descuento    discount, rebate

desequilibrio    imbalance

desde    from, since

desear    to want, to desire, to wish (for)

desigual    unequal, variable, uneven

desorden (m)    disorder, confusion

despacho    office

despedir    to say goodbye to, to dismiss

desplazamiento    displacement, movement, trip

después    after, afterwards

detallar    to detail, to itemize, to list in detail

detenidamente    carefully, thoroughly

determinado    fixed, set, certain

detrás    behind, at the back

día (m)    day

diagrama (m)    diagram

diapositiva    slide, transparency

diario    daily; newspaper

dibujo    drawing, sketch

diciembre    December

dietético    dietetic, dietary

dimisión (f)    resignation

dinámico    dynamic

dinero    money

dirección (f)    address

directivo    manager, executive

director (m)    director, manager, executive

dirigir    to direct, to manage, to run

dirigirse    to go to, to head for; to address, to approach

discurso    speech

discutir    to discuss, to debate, to argue about

diseño    design, sketch

disfrute (m)    enjoyment, use

disminuir    to decrease, to lessen

disponer    to arrange
   — de    to have available, to make use of

disponible    (income) disposable

distinto    clear, distinct; different

distribución (f)    distribution

distribuir    to distribute, to hand out, to allocate

diverso    diverse, different; several, various

dividendo    dividend

dividir    to divide, to share out

documentos    documents

doler    to hurt, to ache

dolor (m)    pain, ache

don (m)    knack, aptitude, gift, talent

donde    where

dorado    golden, gilded

dormir    to sleep

dudar    to doubt

dueño    owner, proprietor

durante    during

durar    to last


e (before an 'i')    and

económico    economic, economical, profitable

echar    to throw, to emit, to throw out; to add; to serve

edad (f)    age

edificio    building

educado    polite, well-mannered

efectivo    effective, real; cash
   en —    in cash

eficiente    efficient

ejecutar    to execute, to carry out; to perform

ejecutivo    executive

el    the, the one

él    he, him

elaborar    to make, to manufacture, to prepare

elección (f)    election, choice, selection

elegir    to choose, to select, to elect

elevado    elevated, high

ella    she, her

embalaje (m)    packing

embarazada    pregnant

empleado    employee

empleo    employment, occupation

empresa    company, enterprise

en    in, into, on, by

encantado    how do you do!, pleased to meet you

encantar    to charm, to delight, to enchant

encargada   *person in charge, agent, representative*
encargar   *to entrust, to ask for, to order*
encerado   *blackboard*
encima   *above, over, on top*
encontrar   *to find; to meet; to be situated*
encuesta   *survey, poll, inquiry*
enero   *January*
enfadar   *to anger, to irritate, to annoy*
enfrentar   *to face, to confront*
enfrente   *opposite, in front, facing*
enlatado   *tinned, canned*
enseguida   *at once, right away*
entero   *entire, whole*
entidad (f)   *entity, company, concern*
entonces   *then, at that time*
entrada   *entrance, way in; ticket*
entrar   *to enter*
entre   *between, among*
entrega   *delivery*
entregar   *to deliver, to hand over*
entrevista   *interview*
envasar   *to pack, to wrap, to can, to bottle*
enviar   *to send*
época   *period, time, age*
equipo   *equipment, outfit; team, side*
equitación (f)   *riding*
escoger   *to choose*
esconder   *to hide*
escribir   *to write*
escritor (m)   *writer*
escritorio   *desk, bureau; office*
escuchar   *to listen*
esmalte (m)   *enamel*
eso   *that*
espacio   *space*
español   *Spanish*
especial   *special*
especificar   *to specify*
esperanza   *hope, expectation*
esperar   *to hope for, to expect; to wait, to wait for*
espíritu (m)   *spirit, ghost*
esposa   *wife*
esposo   *husband*
esquiar   *to ski*
estabilizar   *to make stable, to stabilize*
establecer   *to establish, to set up*
estación (f)   *station, season*
estado   *state, condition*
estancia   *stay*
estar   *to be*
   — a la venta   *to be on sale*
este(a)   *this*
este (m)   *east*
estereotipo   *stereotype*
estrategia   *strategy*
estratégica   *strategic*
estrella   *star*
estropear   *to damage, to spoil, to ruin*
estructura   *structure, framework*
estudiar   *to study*
evaluación (f)   *evaluation, assessment*
evaporar   *to evaporate*

evitar   *to avoid, to prevent*
excesivo   *excessive*
exceso   *excess, surfeit, surplus*
exclusiva   *sole agency, sole right*
exhibición (f)   *exhibition, display, show*
exigir   *to demand, to require, to insist on*
existir   *to exist*
éxito   *success; result, outcome*
experimentar   *to experiment; to experience, to undergo*
exportación (f)   *export, exportation*
extender   *to extend, to enlarge, to stretch out*
extrañarse   *to be amazed, to be surprised*
extranjero   *foreign*

fábrica   *factory*
fabricar   *to manufacture, to make*
fácil   *easy*
facilidades (f pl)   *facilities*
   — de pago   *easy payment terms*
facilitar   *to make easy, to expedite; to provide, to supply*
factura   *bill, invoice*
falta   *failure, fault; lack, want, need, shortage*
febrero   *February*
fecha   *date*
feria   *fair, market*
ferrocarril (m)   *railway*
fértil   *fertile, fruitful*
ficha   *file, index card, registration form*
fichero   *filing cabinet, card index*
fiesta   *party, celebration, festival, (public) holiday*
fijo   *fixed, steady, permanent, established*
fin (m)   *end, conclusion*
   — de semana   *weekend*
final   *final, last*
   al — de   *at the end of*
financiero   *financial*
fino   *dry sherry*
firmar   *to sign*
flor (f)   *flower*
florete (m)   *foil*
flota   *fleet*
foco   *spotlight; source*
folleto   *brochure, leaflet*
fondo   *back, far end, bottom*
   al —   *at the back, at the rear*
fondos (m pl)   *funds, money, finance*
   un cheque sin —   *a bad cheque*
forma   *form, shape; way, means*
formar   *to form, to make, to constitute*
formulario   *form*
fotocopiadora   *photocopier*
foto(grafía) (f)   *photo(graph)*
francamente   *frankly*
frase (f)   *phrase, sentence*
frío   *cold, chilly*
fruto   *fruit, result, benefit*
fuego   *fire*
fuera   *outside*
fuerte   *strong, tough*

fumar   *to smoke*
fundador (m)   *founder*
fusión (f)   *merger, amalgamation*
futuro   *future*

gabinete (m)   *cabinet; study, office*
gallego   *Galician*
galleta   *biscuit*
gama   *range, gamut*
gamba   *prawn*
ganar   *to earn, to win*
gasolina   *petrol*
gasto   *cost, expenditure, expense*
generar   *to generate*
gente   *people*
gerente (m/f)   *manager, director*
girar   *to turn, to turn round, to rotate*
giro   *draft, bill of exchange*
   — postal   *money order, postal order*
girasol (m)   *sunflower*
glicerina   *glycerin*
gobierno   *government*
gracias   *thank you*
gráfico   *graphic, graph, diagram*
grande   *big, large*
grapar   *to staple*
gratis   *free, for nothing*
grúa   *crane, derrick*
guarnición (f)   *garnish*
gustar   *to like, to please, to be pleasing*
gusto   *taste; liking, style; pleasure*
   con mucho —   *it's a pleasure*
   mucho —   *pleased to meet you*

habilidad (f)   *skill, ability, expertise*
habitación (f)   *room*
habitante (m/f)   *inhabitant*
hablar   *to speak*
hacer   *to do, to make*
hacia   *towards, in the direction of*
hallar   *to find, to discover*
hambre   *hunger*
   tener —   *to be hungry*
hasta   *until, as far as, even, up to*
hay   *there is, there are*
herencia   *inheritance, legacy*
hermana   *sister*
hermano   *brother*
herramienta   *tool, appliance*
hielo   *ice*
higo   *fig*
hija   *daughter*
hijo   *child, son*
hogar   *home*
hoja   *page, sheet*
hola   *hello*
hombre (m)   *man*
hondo   *deep, profound*
hora   *hour, time*
horario   *timetable*
hortaliza   *vegetable*
hoy   *today*
hueco   *empty, hollow, opening*
huelga   *strike*

huevo    *egg*
húmedo    *damp, wet, moist*
humo    *smoke*

idioma (m)    *language*
idónea    *appropriate, suitable*
igual    *equal to, the same*
imagen (f)    *image, picture*
imaginar    *to imagine, to suppose*
implicar    *to imply*
imponer    *to impose*
importación (f)    *importing, import*
importador (m)    *importer*
imprescindible    *essential, indispensable, vital*
impresora    *printer*
impuesto    *tax, duty*
incendio    *fire*
incluso    *even, actually*
incómodo    *uncomfortable, inconvenient*
inconveniente    *obstacle, difficulty; inadvisible*
incrementar    *to increase, to promote*
índole    *nature, disposition; class, sort*
indulgencia    *indulgence*
inesperado    *unexpected, sudden, unforeseen*
informe    *report, statement*
informática    *information science, computing*
informatizado    *computerized*
ingreso    *entry, admission; income, revenue, deposit*
inmediatamente    *immediately, at once*
innecesario    *unnecessary*
inoxidable    *rustproof, stainless (steel)*
inscribir    *to enrol, to register, to inscribe*
inspección (f)    *inspection, examination, check*
inspirar    *to inspire*
instalación (f)    *installation, plant*
instalar    *to install, to set up*
inteligente    *intelligent*
intensivo    *intensive*
intentar    *to attempt, to try*
intento    *attempt, intent*
intercambiar    *to exchange, to change over*
interesante    *interesting*
interesar    *to interest, to be of interest to, to appeal to*
interno    *internal, interior*
intérprete (m/f)    *interpreter*
intervenir    *to intervene, to participate*
intimidad (f)    *privacy; intimacy*
íntimo    *intimate, close*
inútil    *useless, vain, fruitless*
invadir    *to invade, to overrun*
inventario    *inventory, stocktaking*
inversión (f)    *investment*
invertir    *to invest; to turn upside down, to reverse*
investigación (f)    *investigation, research*
invierno    *winter*

invitado    *guest*
invitar    *to invite*
    invito yo    *it's on me, I'll pay*
isla    *island*
ir    *to go*
izquierdo    *left, left-hand*

jabón (m)    *soap*
jamón (m)    *ham*
jardín (m)    *garden*
jefe (m/f)    *manager, boss, head*
jornada    *working day, shift*
joven    *young, youthful*
jugar    *to play*
julio    *July*
junio    *June*
junta    *assembly, board, meeting*
    —directiva    *board of management, executive committee*
junto    *together, united, joined*
justicia    *justice*
juzgar    *to judge*

labor (f)    *labour, work*
lado    *side*
    al — de    *by the side of, beside*
lamentable    *regrettable, pitiful*
lámpara    *lamp, light*
lanzamiento    *launching, promotion*
lanzar    *to throw; to launch, to promote*
largo    *long*
lata    *tin, can*
leal    *loyal*
lección (f)    *lesson, class*
lectura    *reading*
leche (f)    *milk*
leer    *to read*
legalmente    *legally, lawfully*
lento    *slow*
letra    *letter, bill, draft, hire-purchase instalment*
levantarse    *to rise, to get up, to stand up*
libra    *pound*
    — esterlina    *pound sterling*
libre    *free*
libreta    *notebook, account book*
libro    *book*
líder (m/f)    *leader, leading, foremost*
ligar    *to tie, to bind*
ligero    *light, lightweight*
línea    *line*
liquidez (f)    *liquidity*
lista    *list; clever*
local    *premises, site*
lógico    *logical, reasonable*
lote (m)    *batch, lot*
luego    *then, next, later, afterwards; so, therefore*
lugar (m)    *place, position*
lujo    *luxury*
luna    *moon*
luz (f)    *light*

llamar    *to call*

llave (f)    *key; tap; spanner*
llegada    *arrival*
llegar    *to arrive*
lleno    *full*
llevar    *to carry, to take, to transport; to wear*
llover    *to rain*

madrugada    *dawn, early morning*
mal    *bad, badly*
mandar    *to send, to order, to command*
manera    *manner, way*
manejar    *to operate, to handle, to manage*
manejo    *handling, running*
mano (f)    *hand*
mantenimiento    *maintenance, upkeep*
mañana    *tomorrow, morning*
máquina    *machine*
    —de escribir    *typewriter*
maquinaria    *machinery*
marca    *mark; make, brand, trademark*
marcar    *to mark, to indicate; to dial*
marcharse    *to go away, to leave*
margarina    *margarine*
marrón    *brown*
marzo    *March*
más    *more, plus*
materia    *matter, material*
    — prima    *raw material*
matricular    *to register, to enrol*
mayo    *May*
mayoría    *majority, most*
mayorista    *wholesaler*
media    *mean, average*
mediano    *middling, medium, average*
médico    *doctor, physician; medical*
medida    *measure, step; measurement*
medio    *half; means*
    mediodía    *midday, noon*
mejor    *better*
mejorar    *to improve, to make better*
memoria    *memory; report, statement*
menos    *less, minus*
    por lo —    *at least*
mensajero    *messenger*
menudo    *small, tiny*
    a —    *frequently, often*
mercado    *market*
mercancía    *merchandise, goods, commodity*
mercantil    *commercial, mercantile*
mesa    *table*
meta    *aim, objective, goal*
metro    *underground, subway; metre*
mezclar    *to mix, to blend*
mi    *my, myself*
mí    *me*
miedo    *fear, apprehension*
    tener —    *to be afraid*
miembro    *member*
mientras    *while, as long as; meanwhile*
mínimo    *minimum*
ministro    *minister*
minorista    *retailer. retail trader*

mirar   *to look*
misa   *mass*
mismo   *same*
moda   *fashion*
momento   *moment*
monarquía   *monarchy*
moneda   *currency, money; coin*
montaje (m)   *assembly*
montar   *to assemble, to set up a business; to get on, to mount*
mostrar   *to show, to exhibit, to demonstrate*
mover   *to move*
movible   *movable*
movimiento   *movement*
mucho   *much, a lot (of)*
muestra   *trade fair, sample*
mujer (f)   *woman*
mundo   *world*
músico   *musician*
muy   *very*

nacional   *national*
nada   *nothing*
nadie   *nobody, no-one*
naranja   *orange*
natalidad (f)   *birth rate*
naturaleza   *nature*
náutico   *nautical*
necesitar   *to need, to require*
negociar   *to negotiate, to trade in*
negocio   *business, transaction, trade*
  hacer negocios   *to do business*
negro   *black*
ninguno   *none, nobody, no-one*
niño   *child*
nivel (m)   *level*
no   *no, not*
noche (f)   *night*
nombramiento   *designation, nomination, appointment*
nombre (m)   *name*
nómina   *payroll*
normalmente   *normally*
norte (m)   *north*
nota   *note, memorandum*
notable   *notable, remarkable, outstanding*
notarse   *to be apparent, to be obvious, to show*
notificar   *to notify*
novedad (f)   *new feature, change, innovation*
novelesco   *fictional*
noviembre   *November*
nuestro   *our*
nuevo   *new*
número   *number*

obligación (f)   *obligation, duty, responsibility; bond*
objeción (f)   *objection*
obstante: no —   *however, nevertheless*
obtener   *to get, to obtain*

ocasión (f)   *occasion, time; chance, opportunity*
occidental   *western*
ocio   *leisure, spare time*
octubre   *October*
ocupar   *to occupy*
  estar ocupado   *to be busy*
oeste (m)   *west*
oferta   *offer*
oficial (m/f)   *official, officer*
oficina   *office*
ofrecer   *to offer*
oir   *to hear*
ojo   *eye*
  ver con buenos ojos   *to look favourably upon*
oliva   *olive*
olvidar   *to forget, to omit*
opinar   *to think, to give one's opinion*
oportunidad (f)   *opportunity, chance; occasion, time*
oposición (f)   *opposition; public entrance examination*
opuesto   *opposite, contrary*
orden (m)   *order, arrangement*
ordenador (m)   *computer*
ordenar   *to order, to put in order*
ordinario   *ordinary; common, vulgar*
organismo   *organization, body, institution*
organización (f)   *organization*
originar   *to originate, to give rise to*
oscuro   *dark, obscure*
otro   *another*

paciencia   *patience*
pacto   *agreement, pact*
pagadero   *payable, due*
pagar   *to pay*
pago   *payment*
paro   *unemployment*
paso   *passage, way through; step, rate*
  de —   *in passing, incidentally*
país (m)   *country*
pantalla   *screen*
papelera   *wastepaper basket, litter bin*
papelería   *stationery, stationer's*
papeles (m pl)   *roles, parts; papers*
paquete (m)   *packet, parcel*
par (m)   *couple, pair*
para   *for, in order to, towards*
parar   *to stop*
parecer   *to seem, to look like, to resemble*
pareja   *pair, couple*
periódico   *newspaper*
parlamentaria   *parliamentary*
parte (f)   *part, share*
  ¿de — de quien?   *who shall I say?*
  por — de   *on behalf of, on the part of*
particular   *private, personal; particular*
partida   *departure*
pasar   *to pass, to give; to spend time; to happen; to go (in)*

pasatiempo   *pastime, hobby*
pasillo   *passage, corridor*
pausa   *pause, respite*
pedagogía   *pedagogy*
pedido   *order*
peligro   *danger, risk*
peluquería   *hairdresser's, barber's*
pensar   *to think*
pensión (f)   *boarding house; pension, allowance*
peor   *worse, worst*
pepita   *pip*
pequeño   *small*
perder   *to lose, to waste*
perdón   *pardon, I beg your pardon, sorry*
perfeccionar   *to perfect, to improve*
perfil (m)   *profile, outline*
periférico   *peripheral, outlying*
periodista (m/f)   *journalist*
permitir   *to allow, to permit*
pero   *but*
perro   *dog*
persona   *person*
personaje (m)   *character; important person, celebrity*
personal (m)   *personnel, staff; personal*
perspectiva   *outlook, prospect*
pescado   *fish*
pesquero   *fishing, fishing boat*
petróleo   *oil, petroleum*
piel (f)   *skin, hide, fur, leather*
piensos (m pl)   *feed, fodder*
pieza   *piece*
pimienta   *pepper (spice)*
pimiento   *pepper (vegetable)*
pintar   *to paint*
piscina   *swimming pool*
piso   *storey, floor; apartment, flat*
pista   *clue; track, trail*
placa   *plate, plaque*
plancha   *plate, sheet; iron*
plano   *flat, level; street plan*
planificar   *to plan*
planta   *plant, floor*
plato   *plate, dish, course*
playa   *beach, shore*
plaza   *space, room, place; public square*
plazo   *period, term, time limit, expiry date; instalment*
plomo   *lead*
pluma   *pen*
población (f)   *population*
poco   *little, not much, few*
poder   *to be able*
político   *politician, political*
poner   *to put, to place*
por   *for, by, along, in*
  — favor   *please*
  — supuesto   *of course*
porque   *because*
porcelana   *porcelain, china*
portafolios (m)   *briefcase*
poseer   *to have, to possess, to own*

posteriormente    *later, subsequently, afterwards*
potencia    *power*
potente    *powerful, strong*
práctico    *practical, convenient*
precio    *price, cost, value, rate*
prefijo    *prefix*
preferir    *to prefer*
pregunta    *question*
preguntar    *to ask, to inquire*
prensa    *the press*
preocupar    *to worry, to preoccupy*
preparar    *to prepare*
presencia    *presence*
presentación (f)    *presentation*
presentar    *to present, to display; to introduce*
préstamo    *loan*
prestar    *to lend, to loan; to render*
    — atención    *to pay attention*
prestigioso    *reputable, worthy, famous*
presupuesto    *budget, estimate*
previsión (f)    *forecast; caution, precaution*
prever    *to forsee, to anticipate*
primacía    *supremacy, priority*
primero    *first, prime*
principal (m/f)    *principal, chief, main*
principio    *principle*
en un —    *at first, to start with*
privado    *private*
probar    *to try, to try out, to test; to taste; to prove*
procedimiento    *procedure, process, method*
procesador de textos (m)    *word processor*
producción (f)    *production, output*
producto    *product*
    — nacional bruto (PNB)    *gross national product (GNP)*
profesor (m)    *teacher*
profundo    *deep, profound*
prolongar    *to extend, to prolong*
prometer    *to promise*
promover    *to promote, to further*
pronto    *prompt, quickly, soon, early*
propensión (f)    *tendency, inclination*
propiedad (f)    *property*
propio    *own, of one's own*
propocionar    *to give, to supply, to provide*
proponer    *to propose, to put forward, to suggest*
propuesta    *proposal*
prórroga    *deferment, extension*
proteger    *to protect*
provechoso    *advantageous, beneficial, profitable*
proveedor (m)    *supplier, dealer*
provincia    *province*
provisión (f)    *supply, provision*
provocar    *to provoke, to bring about, to*

    lead to, to cause
próximo    *next; near, close, neighbouring*
proyector (m)    *projector*
puente (m)    *bridge*
puerta    *door, gate*
puerto    *port, harbour*
puesto    *post, position, job, place*
publicidad (f)    *publicity, advertising*
punto    *point, dot, item*
puntual    *punctual, prompt; reliable*

que    *that, which*
qué    *what*
querer    *to want*
queso    *cheese*
quiebra    *brankruptcy, failure, collapse*
quién    *who*
quizá(s)    *perhaps, maybe*

ramo    *branch, bunch of flowers*
rápido    *fast, quick, rapid*
rasgo    *feature, characteristic*
rato    *time, while, period*
    ratos libres    *free time, spare time*
razón    *reason, motive*
    tener —    *to be right*
realizar    *to realize, to attain, to undertake*
realmente    *really, in fact*
rebajar    *to lower, to reduce*
recelo    *suspicion, mistrust*
recepción (f)    *reception, reception desk*
recibir    *to welcome, to receive*
recibo    *receipt*
recíproco    *mutual, reciprocal*
reconocimiento    *recognition; gratitude*
recordar    *to remember, to evoke memories of, to remind*
rechazar    *to reject, to turn down, to refuse*
red (f)    *network, system*
redactar    *to write, to draft, to draw up*
reducir    *to reduce*
referirse    *to refer to*
refinar    *to refine*
refinería    *refinery*
reflejar    *to reflect, to reveal*
reforzar    *to strengthen, to reinforce*
refresco    *soft drink*
regalo    *gift, present*
regional    *regional*
registrar    *to register, to record; to search*
registro    *register, registry*
regresar    *to return, to come back, to go back*
regulable    *adjustable*
regularidad (f)    *regularity*
    con —    *regularly*
relación (f)    *relationship*
relajar    *to relax*
reloj (m)    *watch, clock*
rellenar    *to fill in (a form), to replenish*
remo    *rowing; oar*
renta    *income; return, yield*

rentable    *profitable, economic*
reparar    *to repair*
repartir    *to distribute*
repetir    *to repeat*
replantear    *to reopen, to raise again*
representante (m/f)    *representative*
representar    *to represent, to act for*
repuesto    *spare, spare part*
requerir    *to need, to require; to send for, to call for*
reservar    *to reserve, to book*
resolver    *to resolve, to solve, to settle*
respaldar    *to back, to support*
respecto    *with regard to, in relation to*
responder    *to answer*
responsabilidad (f)    *responsibility, liability*
responsable    *responsible*
    hacerse — de    *to assume responsibility for*
respuesta    *answer*
resto    *rest, remainder*
resultado    *result, outcome*
retirar    *to remove, to withdraw, to retire*
reto    *challenge*
retraso    *delay; arrears*
retroceder    *to move back, to go backwards, to go down*
retroproyector (m)    *overhead projector*
reunión (f)    *meeting*
revelar    *to reveal, (film) to develop*
revisar    *to revise, to check, to audit, to review*
revista    *magazine, journal*
rey (m)    *king*
rico    *rich*
riesgo    *risk, danger*
romper    *to break*
ropa    *clothes, clothing*
rotulador (m)    *felt-tip pen, marking pen*
rutina    *routine, daily round*

saber    *to know*
sabor (m)    *taste, flavour*
sal (f)    *salt*
sala    *room, hall, sitting room*
    — de juntas    *boardroom*
salario    *salary, wages*
salida    *exit, way out, departure*
salir    *to go out, to come out, to leave, to appear*
salón (m)    *assembly room, showroom*
    — de belleza    *beauty parlour*
salud (f)    *health*
salvar    *to save, to rescue*
sartén (f)    *frying pan*
secretaria    *secretary*
sed (f)    *thirst*
seguidamente    *immediately, after; uninterruptedly*
seleccionar    *to pick, to choose*
semana    *week*
    Semana Santa    *Holy Week*

seminario   *seminar*
sencillo   *simple, easy; single*
señalar   *to mark, to point out, to indicate*
seguir   *to continue, to proceed*
seguro   *insurance*
   estar —   *to be safe, to be sure*
sentarse   *to sit, to take a seat*
sentir   *to feel; to regret, to be sorry for*
   lo siento   *I'm sorry*
señor   *Mr, sir, gentleman*
señora   *Mrs, madam, lady*
señorita   *Miss, young lady*
septiembre   *September*
ser   *to be*
seriamente   *seriously*
servir   *to serve*
servicio   *service*
   — de caballeros   *men's room*
   — de señoras   *ladies' room*
sí   *yes*
si   *if*
siempre   *always*
significación (f)   *significance, importance*
significar   *to mean, to signify*
siguiente   *following, next*
silla   *chair, seat*
sillón (m)   *armchair, easy chair*
sin   *without*
sindicato   *trade union, syndicate*
sino   *but, except*
sobre   *about, on, above*
sociedad (f)   *company, partnership; society, association*
socio   *partner, associate, member*
soja   *soya*
solicitar   *to request, to apply for*
solicitud (f)   *request, application; diligence, concern*
solo   *single, alone*
   café —   *black coffee*
solamente   *only, just*
soltero   *single, unmarried*
solvente   *solvent, free of debt*
someter   *to be subject to, to submit*
soportar   *to endure, to put up with, to support*
sorprender   *to surprise*
su   *your, his, her, its, their*
suave   *smooth, mild, gentle*
subir   *to raise, to increase, to lift up*
subrayar   *to underline, to emphasize*
subterráneo   *underground, subterranean*
subvención (f)   *subsidy, grant, subvention*
suceder   *to happen*
suciedad (f)   *dirt, dirtiness*
sucursal (f)   *branch, office, subsidiary*
sueldo   *salary, wage*
sueño   *sleep, sleepiness; dream*
   tener —   *to be sleepy*
sufrir   *to suffer, to experience, to undergo*
sugerir   *to suggest*

suma   *sum, total*
suministrar   *to supply*
superar   *to surpass, to overcome, to exceed*
suponer   *to assume, to suppose*
sur (m)   *south*
surgir   *to arise, to appear*

tal   *such*
   — vez   *perhaps*
   ¿Qué —?   *how's things?, how are you?*
también   *too, also*
tampoco   *neither*
tan   *so*
tapa   *cover, top; snack, delicacy*
tardar   *to take a long time, to be long, to be late*
tarde (f)   *late, afternoon*
tarifa   *tariff, rate, list of charges, fare*
tarjeta   *card*
   — de crédito   *credit card*
tasa   *valuation, rate, measure; fixed price*
taza   *cup*
té (m)   *tea*
teatro   *theatre*
técnico   *technical, technician*
tejado   *roof*
telefonear   *to telephone*
teléfono   *telephone*
temer   *to be afraid, to fear*
temor (m)   *fear*
temprano   *early*
tener   *to have*
   — sed   *to be thirsty*
terciario   *tertiary*
terminar   *to finish, to end*
terraza   *terrace, balcony*
terrestre   *land, overland*
territorio   *territory*
tetera   *teapot*
tesorero   *treasurer*
tesoro   *treasure*
tiempo   *time, weather*
tienda   *shop*
tierra   *earth, world; land, soil; country*
tímido   *shy, nervous*
tinto   *red wine*
tipo   *type, sort; rate*
título   *title; bond*
tocador (m)   *ladies' room*
tocar   *to touch, to handle; to play (music)*
todavía   *still, yet*
todo   *all, whole, entire*
tomar   *to take, to eat/drink*
tortilla   *omelette*
totalmente   *totally*
trabajar   *to work*
trabajo   *work, job, task*
traducir   *to translate*
traducción (f)   *translation*
traer   *to bring, to fetch*
tráfico   *trade, business; traffic*
tranquilo   *still, calm, peaceful*

transferencia   *transference, transfer*
transporte (m)   *transport, haulage, carriage*
transportista (m)   *carrier*
tratar (de)   *to try, to deal with, to be about*
trato   *treatment, behaviour; agreement, deal*
trazado   *layout, outline*
tren (m)   *train*
trimestre   *period of three months, quarter*
triunfar   *to win, to be a success*
trucha   *trout*
tu   *your (informal singular)*
turno   *turn, shift, period of duty*

ubicado   *situated, located*
último   *last, latest, furthest*
único   *only, sole, unique*
unos   *some; about, around*
usar   *to use, to make use of*
usted   *you (singular polite form)*
útil   *useful, usable, handy*

vacación (f)   *vacation, holiday*
vajilla   *crockery*
valor (m)   *value, worth, price*
valores (m pl)   *securities, bonds, stock*
valla publicitaria   *hoarding, billboard*
variar   *to vary, to change*
vario   *varied, several, a number of*
vasco   *Basque*
vecino   *neighbour*
velocidad (f)   *speed, rate*
vendedor (m)   *salesman, seller*
vender   *to sell*
venir   *to come*
venta   *sale, selling*
ventaja   *advantage*
ventajoso   *advantageous, profitable*
ver   *to see*
verano   *summer*
verdadero   *true, real*
verde   *green*
verificar   *to check, to inspect; to prove*
vía   *route, way, road, track*
viajar   *to travel*
vida   *life*
viejo   *old*
visitar   *to visit*
vista   *view, sight*
vitalidad (f)   *vitality*
vivienda   *housing, accommodation*
vivir   *to live*
voluminoso   *sizeable, bulky*
volver   *to return*
votación (f)   *vote, voting*
vuelta   *turn, change; bend, curve; reverse, other side; return journey; stroll, walk*

y   *and*
ya   *already, now*

zona   *zone, area*